SUSANNE BODENSTEINER | SABINE SCHLIMM

Seelenfutter

Rezepte, die glücklich machen

Service

Das Leben verhält sich garstig?
Gut, wenn einem dann jemand
das Lieblingsgericht kocht –
und wenn Sie es selbst tun.

Es gibt diese Tage: morgens mit dem falschen Fuß aufgestanden und in der Unordnung von gestern gelandet, und von da an ging's nur noch bergab. Dazu hat das Wetter auch noch auf Dauergrau geschaltet … Irgendwann reicht's. Jetzt hilft nur noch etwas Gutes: Seelenfutter!

Tröstendes
für graue Tage

Manche halten sich bei mieser Laune an einer Schüssel mit süßem Milchreis fest, andere verziehen sich mit einem schnell überbackenen Käsetoast aufs Sofa und vor die Lieblingssoap, und wieder andere lassen die Trübsal durch die Gewürzdüfte verdrängen, die aus einem Topf Curry aufsteigen. Im Englischen gibt es sogar einen Begriff, der all diese Erste-Hilfe-Lieblingsgerichte zusammenfasst: »comfort food«. Das ist Essen, das nicht nur satt und zufrieden macht, sondern auch tröstet und die Seele wärmt.

Wenn Essen für innere Wärme sorgt

Genau solche Rezepte haben wir in diesem Buch zusammengetragen. Manche sind mit Zutaten aus dem Vorrat blitzschnell gekocht und eignen sich daher für Sofortmaßnahmen gegen den Alltagsblues, andere sind für die Zeiten gedacht, in denen sich Stress und Hektik am besten durch meditatives Schnippeln und Rühren bekämpfen lassen. Eines verbindet sie alle: Sie vertreiben das Trübgrau durch die Lust am Genuss.
Klar: Die innere Diätassistentin mag angesichts sahniger Sünden und zuckriger Zumutungen den Zeigefinger heben. Aber erstens kochen wir uns ja nicht jeden Tag Trost herbei, und zweitens tun wir dem Körper mitunter instinktiv etwas Gutes mit diesen Gerichten: Die Kohlenhydrate in Pasta und Kartoffeln zum Beispiel kurbeln den Hormonstoffwechsel an, der das Stimmungshormon Serotonin liefert. Die »guten« Fettsäuren aus Lachs und Nüssen beugen Depressionen vor, und Schokolade, Mohn und manche duftenden Gewürze enthalten natürliche Stimmungsaufheller.

Comfortfood: Das ist Essen, das die Seele wärmt.

Hilft, weil's schmeckt

Eigentlich ist es aber gleichgültig, ob wir es dem Theobromin aus dem Kakao, dem Myristicin von der Muskatnuss und sonstigen -inen und -olen verdanken, dass wir uns besser fühlen. Vielleicht ist es ja einfach der Genuss von fingerschleckleckerem Essen. Hauptsache, es hilft! Übrigens: Man muss keineswegs miese Laune haben, um die Rezepte in diesem Buch zu genießen. Auch die sonnigste Stimmung lässt sich durch knusprige Fish Nuggets oder süß schmelzende Schokotörtchen noch heben. Probieren Sie es aus!

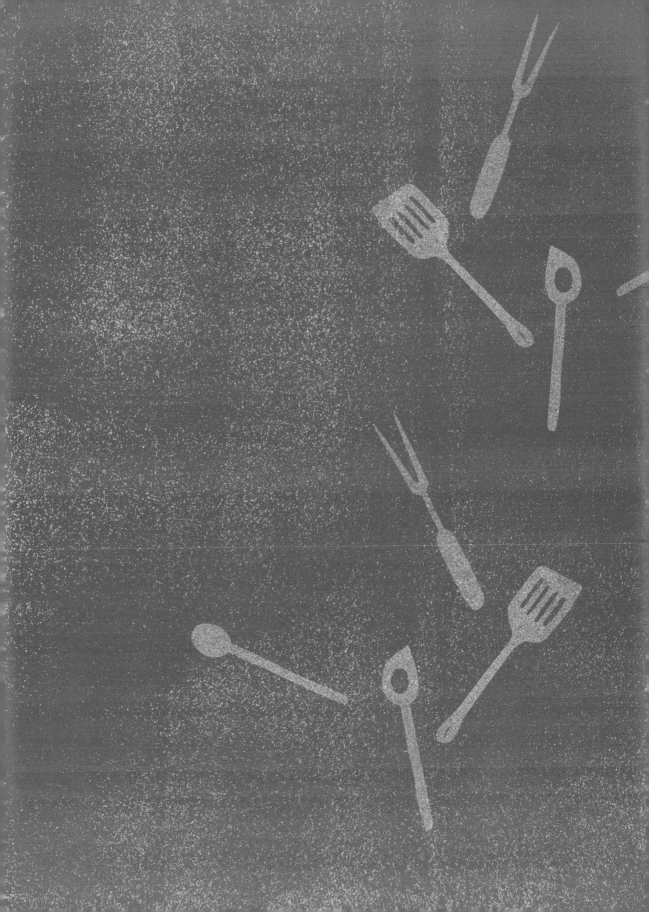

Auf in die
Gute-Laune-Küche:
Service

Pasta im Schrank,
das ist wie der Regenschirm,
den Oma für alle Fälle dabeihatte.
Wer weiß schon,
wann Wolken aufziehen?

Ach, gäbe es doch einen Wetterbericht, der zuverlässig miese Laune und Weltschmerz vorhersagt! Bei einer Meldung wie »Frustfront im Anzug« könnte man sofort losziehen und die Zutaten für feines Seelenfutter einkaufen.

Vorräte gegen Stimmungstiefs

Leider, leider funktioniert's so nicht. Deshalb hilft nur, gegen Schlechte-Laune-Attacken mit passenden Vorräten gerüstet zu sein. Klar, dass die Lieblingsnudeln möglichst nie ausgehen sollten, und ebenso klar, dass Mehl und Zucker griffbereit im Vorratsschrank stehen. Und zwar nicht nur deshalb, weil das schon die halbe Miete für wohlig-warme Pastagerichte oder Pfannkuchen ist: Kohlenhydrate scheinen tatsächlich positiv auf die Stimmung zu wirken, weil sie über mehrere Stoffwechselschritte die Bildung des »Glückshormons« Serotonin begünstigen.

Stärke stärkt die gute Laune

Weitere Kohlenhydrat-Nothelfer sind Minutenpolenta (in Wasser oder Brühe einrühren, quellen lassen – fertiges Glück zum Löffeln) und Reis. Wer sich nicht zwischen Risotto und Milchreis entscheiden kann, hat am besten eine Sorte Rundkornreis im Haus, die beides ermöglicht: Arborio zum Beispiel. Bestens geeignet als Stimmungsheber aus dem Vorrat sind auch Kartoffeln, Zwiebeln und Knoblauch. Alle drei mögen es dunkel und kühl, aber nicht kühlschrankkalt.

Damit aber aus Kartoffeln fluffiger Kartoffelbrei, aus trockenen Körnern cremiger Milchreis und aus Nudeln eine Pasta mit sahniger Sauce werden kann, sind ein paar Milchprodukte nötig. Wer Milch und Sahne nicht sowieso regelmäßig konsumiert, kann beides in der lange haltbaren H-Version für Notfälle im Vorratsschrank lagern. Geriebener Käse für allerlei Überbackenes lässt sich bestens einfrieren und portionsweise verwenden, und Parmesan am Stück hält sich, in Butterbrotpapier gewickelt, wochenlang im Kühlschrank.

Von der Vorratspflicht zur Wohlfühlkür

Bei der Verwandlung dieser Basics in abwechslungsreiche Gute-Laune-Gerichte leisten leckere Sachen aus Dose und Tiefkühlfach unschätzbare Dienste: stückige Tomaten, weiße Bohnen und Kichererbsen aus der Dose, Spinat, grüne Erbsen und Kräuter aus dem Eis. Und wer noch ein Plätzchen im Tiefkühler frei hat, legt am besten eine Packung Lachsfilet hinein: Der rosa Fisch mit seinen mehrfach ungesättigten Fettsäuren kann wie ein natürliches Antidepressivum wirken.

> Spontanes Trostkochen: macht gelassen bis heiter. Zumindest aber wohlig satt.

Wer nicht nur irgendwas, sondern etwas ganz Schönes zaubern möchte, hält neben Nudel- und Reispaketen einige Extras bereit – fürs spontane Verwöhnprogramm!

Sechs kleine Seelentröster

1 Getrocknete Tomaten in Öl

Sie bringen fruchtige Würze in Suppen, Salate und Saucen: Sonnenaroma pur und ein wunderbarer Ersatz für traurige, wässrige Wintertomaten aus dem Treibhaus. An trägen Tagen schmecken sie als Antipasti ganz ohne Rezept. In fast jedem Supermarkt finden Sie fertig eingelegte Tomaten. Für eine individuelle Version ganz nach Ihrem Geschmack kaufen Sie lose getrocknete Tomaten preiswert beim Gemüsehändler, Italiener oder Discounter und legen sie selbst ein: Für 1 Schraubverschlussglas (ca. 250 ml Inhalt) 250 ml Wasser mit 1 EL Aceto balsamico bianco und nach Belieben 1 guten Schuss Weißwein aufkochen. 50 g getrocknete Tomaten darin bei sehr kleiner Hitze ca. 5 Min. ziehen, dann in einem Sieb abtropfen lassen und mit Küchenpapier trocken tupfen. Tomaten nach Belieben mit 1 TL Kapern, 1 Chilischote, hauchdünnen Scheibchen von 1 Knoblauchzehe und/oder 1 TL getrockneten Sommerkräutern in ein Schraubverschlussglas schichten und mit gutem Olivenöl auffüllen. Mindestens 3–4 Tage marinieren.

2 Getrocknete Steinpilze

Frische Steinpilze sind ein Luxus für die Seele, aber leider nur im Herbst zu haben. Zum Glück lassen sie sich prima trocknen. So können sie mit ihrem starken Aroma Risotti, Suppen und Saucen »upgraden«. Was faulen Köchen darüber hinaus gefällt: Getrocknete Steinpilze müssen nicht groß gesäubert werden. Lassen Sie sie einfach in Wasser quellen. Das Einweichwasser dann filtern und mitverwenden – ein aromatischer Fond!

3 Dunkle Schokolade

Natürlich können wir sie einfach so naschen, doch noch glücklicher macht sie uns, wenn sie in heißer Milch schmelzen oder sich in zarten Törtchen verstecken darf. Die bittersüße Seelentrösterin wird aus den Samenkernen des tropischen Kakaobaums gewonnen. Ehe die Bohnen ihr begehrtes Aroma hergeben, müssen sie fermentiert und geröstet, geschält und gemahlen werden. So entsteht die dicke Kakaomasse, die etwa zur Hälfte Kakaobutter und tatsächlich auch Zauberkräfte mit stimmungsaufhellender Wirkung enthält (siehe auch Seite 164). In herb-aromatischer Bitterschokolade steckt besonders viel Kakaomasse, nämlich mindestens 60 %. Es lohnt sich, etwas mehr Geld auszugeben, denn Billigschokolade enthält oft einfaches Pflanzenfett statt teurer Kakaobutter. Schokolade reagiert empfindlich auf Hitze. Am besten schmelzen Sie sie vorsichtig über einem heißen Wasserbad.

4 Nüsse und Pinienkerne

Kleine Kraftpakete für unsere Seele, wenn uns Energien und der richtige »Biss« fehlen: Bei geringem Wassergehalt bieten Walnuss-, Haselnuss- und Pinienkerne hochwertige einfach und mehrfach ungesättigte Fett- säuren und mit Folsäure, Magnesium, Eisen und Kalzium auch Mineral- stoffe, die uns einfach guttun. Mit Vitaminen der B-Gruppe und Vitamin E stärken sie außerdem das Immunsystem und die Nerven. Alle Kerne vor dem Genuss in einer beschichteten Pfanne ohne Fett anrösten, bis sie leicht duften; das schließt ihr Aroma auf.

5 Aceto balsamico

Sauer macht lustig. Und aromatische Säure steigert den Lustgewinn noch. Deshalb lohnt es sich, beim Essigkauf nicht zu sparen. Echter »Aceto balsamico tradizionale« aus der Region Modena wird vor allem aus Treb- biano-Traubenmost hergestellt und ist ein reines Naturprodukt. Viele Jahre reift er im Holzfass, und je länger, desto aromatischer, dickflüssiger und teurer ist der »tradizionale«. Schon wenige Tropfen können ein Gericht zum Kunstwerk adeln. Preisgünstiger Aceto balsa- mico ist meist eine Essig-Traubensaft-Mischung, mit Zuckercouleur dunkel gefärbt. Bessere Sorten werden mit ein wenig »tradizionale« aufgepeppt.

Tipp *Kräuteröl bringt Frühling auf den Teller: 200 ml zimmerwarmes gutes Olivenöl mit 3 EL frisch gehackten Lieblingskräutern, z. B. Koriander, Minze, Zitronenmelisse oder Basilikum fein pürieren, mit Salz und 1 EL Balsamico bianco würzen und Vorspeisen- oder Dessertteller damit garnieren.*

6 Olivenöl

Es enthält Omega-3-Fettsäuren – Seelenbalsam! So ist das flüssige Gold glänzend geeignet, um Salaten und mediterranen Gerichten Aroma und Urlaubsflair zu verleihen. Bestes Olivenöl (»nativ extra« oder »extra vergine) stammt aus der kalten ersten Pressung, enthält weniger als 1 % Säure – und ist nicht billig. Bei hervorragendem Öl sind auf dem Etikett der Name des Produzenten und der Abfüllort angegeben. Achten Sie auch aufs Haltbarkeitsdatum: Darf das Öl 18 Monate verwendet werden, stammt es meist aus neuer Ernte. Teures Öl sollten Sie für die kalte Küche, z. B. Pesto und Salatsaucen, reservieren. Warme Speisen können Sie zum Schluss mit einem oder zwei Löffelchen davon aromatisieren. Aber zum Kochen und Braten nehmen Sie ruhig ein einfaches Öl. Das ist preiswert, geschmacksneutral und hitzestabil.

Stimmungsaufheller ohne Rezept: Gewürze können uns anregen, besänftigen oder mit ihren Aromen in gute Laune versetzen. Es folgen die Top 8 der Gewürze mit Glücksfaktor.

Eine Prise Wohlgefühl

1 Chili

Frisch oder getrocknet, gemahlen oder zerbröselt – Chilischoten heizen ein. Schon eine Prise schärft lustvoll das Essen und kann unsere Stimmung aufhellen. Capsaicin heißt der Stoff, der dahintersteckt. Er lässt es auf der Zunge brennen, und das stupst unsere Endorphinproduktion an: körpereigene Glückshormone! Ideal für den Vorrat sind getrocknete Schoten. Grob zerbröselt gibt es sie auch als Chiliflocken oder -schrot. Chilipulver heißt Cayennepfeffer. Der edelste kommt aus Frankreich: Piment d'Espelette. Seinen stolzen Preis rechtfertigt er mit besonders feiner Schärfe, leicht fruchtigem Aroma und einer feinen Rauchnote.

2 Kardamom

Feinwürziger Geschmack nach Eukalyptus und Zitrone und leichte Schärfe machen ein wohlig-warmes Gefühl im Mund. Kardamom soll harmonisierend wirken. Kaufen Sie ganze Kapseln und braten Sie sie in heißem Fett an, bis sie sich öffnen und Duft aufsteigt. Dann die Samen herauslösen.

3 Kurkuma

Ein Glücksgewürz mit Tradition! Die Wurzeln der Kurkumapflanze sind in Indien ein Symbol für Sonne und Glück. Daher wird das leuchtend gelbe Pulver, zu dem die getrockneten Knollen vermahlen werden, für Glücks- und Hochzeitsrituale verwendet. Kurkuma heißt auch Gelbwurz und verleiht Speisen erdig-pikanten Geschmack mit leicht bitterer Note. Das Pulver sparsam dosieren und für vollen Geschmack in etwas Fett anrösten.

4 Muskatnuss

Ob schlichtes Püree oder exotisches Curry: Frisch geriebener Muskat gibt ihm würzig-herben Geschmack. Und einen Schuss Euphorie, denn das enthaltene ätherische Öl Myristicin kann im Körper zu einem »Aufputschmittel« umgewandelt werden und die Stimmung aufhellen. Vorsicht: Ein Zuviel (mehr als ca. 5 g) kann Kopfschmerzen und Vergiftungen verursachen.

5 Pfeffer

Auch dieser Scharfmacher steigert unsere Glückshormon-Produktion – der »Pepper-high-Effekt«. Entsprechend begehrt und teuer waren früher die Aromakörner aus Fernost, weshalb man die Reichen, die sie sich leisten konnten, »Pfeffersäcke« nannte. Grüner Pfeffer – am besten frisch vom Markt oder in Salzlake eingelegt – hat eine fruchtige Note. Schwarze Körner erhalten durch Fermentieren und Trocknen ihre markant aromatische Schärfe. Für weißen Pfeffer werden die Körner nach der Ernte eingeweicht und von der roten Schale getrennt. Sie schmecken nur scharf. Die getrockneten rosaroten Beeren im bunten Pfeffermix sind mit der Familie *Piper nigrum* nicht verwandt, steuern aber eine schöne Farbe und ein mild-scharfes Wacholderaroma bei. Auf Gewürzmärkten finden Sie immer häufiger auch langen Pfeffer, eine hocharomatische Sorte mit süßlich-herber Note. Für vollen Geschmack Pfeffer nur im Ganzen kaufen und im Mörser grob zerstoßen oder frisch mahlen.

> **Tipp** *Aromen sind so flüchtig wie das Glück. Damit Gewürze lange Freude bereiten, schützen Sie sie vor Licht, Wärme und Feuchtigkeit.*

6 Safran

Die orangefarbigen bis tiefroten Fäden färben Risotto und süße Creme fröhlich sattgelb. Ihre ätherischen Öle verströmen ein einzigartiges Aroma mit bitter-süßlicher Note. Sie sorgen außerdem dafür, dass das teuerste Gewürz der Welt unsere Sinne anregt und gute Stimmung verbreitet. Zum Glück brauchen Sie nur wenige der kostbaren Fäden. So entfaltet sich ihr Aroma perfekt: Die Fäden in einem Mörser zerstoßen, dann in wenig warmem Wasser einweichen, bevor Sie sie zu den Speisen geben.

7 Vanille

Ihr werden erotisierende Kräfte nachgesagt, und tatsächlich wirkt das Mark der aromatischen Schote stimulierend und bringt unsere Sinne in Schwung. Der süßlich-angenehme Vanilleduft harmonisiert und wirkt Stress entgegen. Schon eine Messerspitze bringt das gewisse Extra in süße Desserts oder auch Tomatensauce. Zu den besten Sorten gehört die Bourbon-Vanille, die auf der kleinen Insel Bourbon – heute Réunion – wächst.

8 Zimt

Duftet nach Weihnachten, und vielleicht zaubert das warme, süß-holzige Zimtaroma deshalb vielen von uns ein Lächeln ins Gesicht. Hierzulande ist das Gewürz auch offiziell als Heilmittel anerkannt. Zimtstangen halten ihr Aroma lange und können mitgegart werden. Da sie sich schwer mahlen lassen, sollten Sie auch Zimtpulver im Gewürzregal haben. Wählen Sie unbedingt den feinen Ceylon-Zimt aus Sri Lanka. Die Stangen sind etwas kürzer als Cassia-Zimt, der in den letzten Jahren in Verruf geraten ist.

Wo, bitte, geht's zum Palmenstrand? Besser, wenn der persönliche Wohlfühlort ganz nah ist. So nah wie die eigene Küche.

Manchmal ist die Seele ziemlich kapriziös: Zwar will sie mit Kartoffelbrei gefüttert werden, aber aufs Kartoffelschälen hat sie gar keine Lust. Da hilft nur eines: Tricksen Sie sie aus, indem Sie ihr den Aufenthalt in der Küche so angenehm wie möglich machen!

So geht Wohlfühlkochen

Radio an – oft der erste Handgriff in der Küche. Radio aus ist der zweite: weil die Moderatoren nerven, die Musik für die jetzige Stimmung genau die falsche ist und sowieso ständig Werbung läuft. Wie wär's statt Staumeldungen mit einem Wunschkonzert? Ein CD- oder MP3-Player untermalt das Kochen mit Ihrer Lieblingsmusik. Ob Sie Opernarien schmettern, während die Pasta kocht, beim Risottorühren Salsa vor dem Herd tanzen oder Kräuter zu lautem Punkrock kurz und klein hacken – darüber entscheidet dann nur noch Ihre Laune.

Scharf macht glücklich

Der Laune können Sie übrigens auch mit Schärfe einen Kick geben. Dazu eignen sich nicht nur Chili & Co., sondern auch gute Messer und Reiben. Denn Kochen gewinnt enorm an Leichtigkeit, wenn die Klinge mühelos durch die Zwiebel fährt und sich die Möhre ohne großen Widerstand in gleichmäßige Würfel verwandelt. Machen Sie sich selbst ein Geschenk mit langfristiger Gute-Laune-Wirkung: ein Qualitätsmesser, das Ihnen gut in der Hand liegt – unbedingt ausprobieren! – oder eine richtig scharfe Küchenreibe.

Ich gönn' mir was

Ach ja, wenn Sie schon dabei sind, sich etwas zu gönnen: Wie viel Lust aufs Kochen machen Ihnen denn die anderen Gerätschaften in Ihrer Küche? Vielleicht darf die uralte Plastikrührschüssel in den Ruhestand treten und durch ein knallbuntes Teil aus Melamin ersetzt werden. Auch farbige Kochlöffel oder ein paar wild gemusterte Küchentücher sind mehr als nur Farbkleckse: Sie erinnern daran, dass Kochen Spaß machen darf. Wenn es dann so weit ist, zelebrieren Sie doch nach dem Kochen auch das Essen ein bisschen: mit einer besonders schönen Suppenschale beispielsweise oder einem Teller in Ihrer Lieblingsfarbe. Das dürfen ruhig Einzelstücke sein, die nur hervorgeholt werden, wenn die Seele nach Trost und Wärme verlangt. Auch oder gerade wenn Sie allein essen: Zünden Sie sich dazu eine Kerze an. Und dann genießen Sie jeden Bissen.

> Machen Sie sich selbst ein Geschenk mit Gute-Laune-Wirkung!

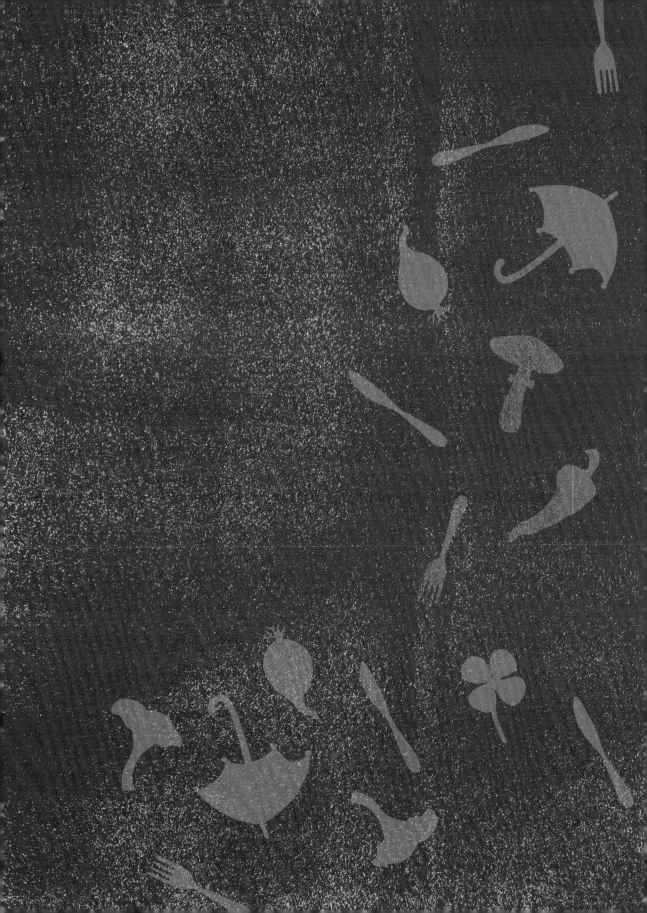

Messer, Gabel, Seele, Glück: Rezepte

Vorspeisen und Snacks:
feine Seelenstreichler

Ein ganzes Kapitel voll mit kleinen
Verführern, die den Gaumen kitzeln und
uns zum Lächeln bringen. Dazu Handfestes,
das Körper und Seele zusammenhält.

Feta-Gemüse-Päckchen sind bei Grillpartys die heim-
lichen Helden vom Rost. Zum Glück schmecken sie das
ganze Jahr über nach Sommer. Wärmen wir uns also an
den Erinnerungen an Abendsonne, Sommerleichtigkeit
und Holzkohleduft!

Fetapäckchen mit Gemüse

FÜR 2 PERSONEN
Zubereitung: 25 Min.
Backzeit: 40 Min.

Für Feta und Gemüse:
200 g Schafskäse (Feta)
je 1 rote und gelbe Paprikaschote
1 kleiner Zucchino
Salz | 1 Prise Cayennepfeffer

Für das Kräuteröl:
3 Knoblauchzehen
1/2 Bund glatte Petersilie
1 Stängel Minze
4 EL Olivenöl | Salz

Außerdem:
Pergamentpapier

1 Den Backofen (außer bei Umluft) auf 200° vorheizen. Für die Päckchen den Schafskäse in große Würfel schneiden. Die Paprikaschoten und den Zucchino waschen, putzen und in mundgerechte Stücke schneiden.

2 Zwei große Stücke Pergamentpapier doppelt legen, jeweils die Hälfte von Gemüse und Feta mittig daraufsetzen und mit Salz und Cayennepfeffer würzen. Die Päckchen fest zufalzen, falls nötig mit Küchengarn zubinden und auf ein Backblech setzen. Die ungeschälten Knoblauchzehen dazulegen und alles im heißen Backofen (Mitte; Umluft 180°) ca. 40 Min. backen, bis das Gemüse weich und der Schafskäse an den Rändern leicht gebräunt ist.

3 Kurz vor dem Ende der Backzeit für das Kräuteröl die Petersilie und die Minze waschen und trocken schütteln, die Blättchen abzupfen.

4 Die Knoblauchzehen aus dem Backofen nehmen und schälen. Den Knoblauch zusammen mit den Kräutern und dem Öl in einen hohen Rührbecher geben und mit dem Pürierstab fein pürieren. Das Kräuteröl nach Geschmack mit Salz abschmecken.

5 Zum Servieren die Päckchen öffnen und das Kräuteröl über Gemüse und Feta träufeln. Dazu schmeckt am besten Weißbrot.

GEMÜSEBUNT STATT KÄSEWEISS
Klar, kalorienarm ist diese Kombination aus Käse und Kräuteröl nicht gerade – dafür schmeckt sie einfach herrlich! Wer sich Sorgen um den Fettgehalt macht (oder das Rezept so lecker findet, dass es häufiger auf den Tisch kommen soll), der erhöht einfach den Gemüseanteil. Auberginen und aromatische Kirschtomaten passen perfekt dazu.

Eingepackt in eine knusprige Senfpanade und begleitet von einem würzig-fruchtigen Chutney, schubst dieser Camembert schlechte Laune und Langeweile beiseite.

Back-Camembert mit Cranberry-Feigen-Chutney

FÜR 2 PERSONEN
Zubereitung: 30 Min.
Chutney-Kochzeit: 20 Min.

Für das Chutney:
1 kleine reife Feige
1 Schalotte
1 Msp. frisch geriebener Ingwer
1 Gewürznelke
1 EL fruchtiger Essig (z. B. Feigen-, Himbeer- oder Apfelessig; ersatzweise Aceto balsamico bianco)
80 g getrocknete Cranberrys
2 EL brauner Zucker | Salz
frisch geriebene Muskatnuss
Piment d'Espelette oder Chilischrot

Für die Camemberts:
2 kleine Rahmcamemberts (à 100 g)
1 Ei (Größe M oder L)
1 TL Öl
1 TL Dijon-Senf
2–3 EL Semmelbrösel
1/8 l Öl zum Ausbacken

1 Für das Chutney die Feige waschen und würfeln. Die Schalotte schälen und fein würfeln. Beides zusammen mit dem Ingwer, der Nelke, dem Essig, den Cranberrys, 1 1/2 EL Zucker und je 1 kräftigen Prise Salz und Muskat sowie Piment d'Espelette oder Chilischrot in einen kleinen Topf geben. 75 ml Wasser dazugießen, alles aufkochen und bei kleiner Hitze in 15–20 Min. dick einköcheln lassen.

2 Das Chutney nochmals mit Salz, Piment d'Espelette oder Chilischrot und Muskat abschmecken und eventuell etwas nachsüßen. In ein Schälchen füllen und abkühlen lassen, am besten 1–2 Std. Vor dem Servieren noch einmal abschmecken.

3 Von den Camemberts die Rinde etwas abschaben. Zum Panieren in einem tiefen Teller das Ei mit Öl und Senf verquirlen. In einen zweiten Teller die Semmelbrösel geben. In einer Pfanne das Öl stark erhitzen.

4 Die Camemberts durch die Eimischung ziehen, dann in den Semmelbröseln wenden. Die Camemberts im heißen Öl in ca. 3 Min. je Seite goldbraun ausbacken. Auf einer dicken Lage Küchenkrepp entfetten und sofort mit dem Chutney und Baguette oder Fladenbrot servieren.

WER STARKE AROMEN LIEBT, …
… nimmt 1 großen Original-Rohmilchcamembert aus der Normandie. Den Käse vierteln. Die Viertel zuerst in Mehl wenden, dann wie beschrieben durch das verquirlte Ei ziehen, panieren und ausbacken.

Keine Lust auf Kochgedöns und Konventionen?
Dann kommt der Veggie-Döner gerade recht! Fast Food aus
der eigenen Küche, das wir guten Gewissens
genießen dürfen: Schnell, einfach und richtig lecker!

Veggie-Döner

1 Die Gurke waschen und in dünne Scheibchen hobeln. Die Zwiebel oder Schalotte schälen und in Ringe hobeln. Die Tomate waschen und ohne den Stielansatz in dünne Scheiben schneiden. Alles mit Salz und Pfeffer leicht abschmecken.

2 Die Salatblätter waschen, gut trocken schütteln und in feine Streifen schneiden. Den Backofen auf 220° (Umluft 200°) vorheizen.

3 Für die Sauce das Basilikum waschen und trocken schütteln. Die Blättchen in feine Streifen schneiden und zusammen mit Kreuzkümmel und Zitronenschale in den Joghurt geben. Den Knoblauch schälen und dazupressen. Alles gut verrühren und die Joghurtsauce mit Salz und Pfeffer kräftig abschmecken.

4 In die Fladenbrote waagerecht eine tiefe Tasche schneiden, also die Brote fast durchschneiden. Die Gurkenscheiben, Zwiebelringe und Tomatenscheiben in den Broten auf den unteren Hälften verteilen, den Schafskäse darüberbröckeln.

5 Die gefüllten Brote in eine flache ofenfeste Form setzen (so bleibt der Ofen sauber) und im heißen Backofen (Mitte) in 5–7 Min. knusprig aufbacken; der Käse soll dabei heiß werden. Vorsicht, dass die Fladenbrote während des Aufbackens nicht anbrennen.

6 Die heißen Burger aus dem Ofen nehmen und so weit wie möglich aufklappen. Den heißen Feta mit Chilischrot oder Pul biber bestreuen. Die Salatstreifen darauf verteilen bzw. dazustopfen und die Joghurtsauce darüberlöffeln. Jeweils eine Serviette um die Burger legen. Sofort servieren.

FÜR 2 PERSONEN
Zubereitung: 25 Min.

1 dünne Bio-Minigurke
1 kleine rote Zwiebel oder Schalotte
1 Tomate
Salz | schwarzer Pfeffer
1 Handvoll Salatblätter (oder 1 kleines Salatherz)
2 kleine Fladenbrote
100 g Schafskäse (Feta)
2 Prisen Chilischrot oder Pul biber (türkische Paprikaflocken)

Für die Joghurtsauce:
2 Stängel Basilikum
1 Prise gemahlener Kreuzkümmel (Cumin)
1 Msp. abgeriebene Bio-Zitronenschale
100 g Sahnejoghurt
1 Knoblauchzehe
Salz | schwarzer Pfeffer

Außerdem:
flache ofenfeste Form

Wenn uns das Wetter die Stimmung verhagelt, möbelt uns ein kleiner, frecher Imbiss auf: Peppige Creme schmeißt sich hier knusprig in Schale, um uns gute Laune zu machen. Und bunte Blattsalate mit Trauben und Honigdressing helfen mit.

Pfeffer-Säckchen auf Herbstsalat

FÜR 2 PERSONEN
Zubereitung: 40 Min.

Für die Pfeffer-Säckchen:
je 2 schwarze, grüne und rote
  Pfefferkörner oder 1/2 TL bunter
  Pfeffer oder 1 kleines Stück
  langer Pfeffer
1 kleines Bund Schnittlauch
150 g Ziegenfrischkäse
knapp 1 TL abgeriebene
  Bio-Orangenschale
Salz | 40 g Butter
2 hauchdünne Blätter
  Strudel-, Yufka- oder Filoteig
  (ca. 30 × 30 cm; aus dem
  Kühlregal)
2 TL flüssiger Honig oder
  Orangenmarmelade

Für Salat und Dressing:
80 g gemischte Salatblätter
  (z. B. zarter Blattspinat, Rucola,
  roter Feldsalat und/oder
  Baby-Mangold)
6–8 kernlose grüne Weintrauben
  (nach Belieben)
1 EL Aceto balsamico bianco
1–2 EL Orangensaft
Salz | schwarzer Pfeffer
1 TL Dijon-Senf
1 TL flüssiger Honig
2 EL Olivenöl

Außerdem:
4 schmale ofenfeste Förmchen
  (z. B. Muffinförmchen)

1 Für die Säckchen den Backofen auf 180° (Umluft 160°) vorheizen. Den Pfeffer in einem Mörser fein zerstoßen. Schnittlauch waschen und trocken schütteln. Nach Belieben 4 Halme zum dekorativen Zubinden der Säckchen beiseitelegen, den Rest in feine Röllchen schneiden und knapp die Hälfte davon für den Salat beiseitelegen. Die übrigen Schnittlauchröllchen mit dem Pfeffermix, dem Frischkäse und der Orangenschale vermischen. Die Käsecreme mit Salz abschmecken.

2 In einem Töpfchen die Butter zerlassen. Die Teigblätter aufeinanderlegen und beide zusammen in vier gleich große Quadrate schneiden. Die Käsecreme jeweils mittig darauf verteilen. Je 1/2 TL Honig oder Orangenmarmelade daraufgeben. Den Teig über der Füllung zusammendrücken und etwas verdrehen. Die Teigspitzen auseinanderziehen. Die Säckchen in Förmchen setzen, mit der zerlassenen Butter bestreichen und im heißen Ofen (Mitte) in 15–17 Min. goldbraun backen.

3 Inzwischen die Salatblätter waschen, trocken schleudern und auf den Tellern anrichten. Die Trauben, falls verwendet, waschen, halbieren und darauf verteilen. Den übrigen Schnittlauch daraufstreuen. Für das Dressing den Essig mit 1 EL Orangensaft, Salz, Pfeffer und Senf verrühren. Dann mit dem Schneebesen Honig, Olivenöl und eventuell noch etwas Orangensaft unterrühren. Das Dressing abschmecken und über die Salate träufeln.

4 Die Säckchen aus dem Ofen nehmen, nach Belieben mit Schnittlauchhalmen zubinden, auf die Salate setzen und sofort servieren.

GUTE LAUNE À LA SAISON
Im Herbst bilden bunte Blattsalate und Trauben ein feines Polster für die Pfeffer-Säckchen. Probieren Sie im Frühjahr mal eine Wildkräutermischung; 5–6 kleine Erdbeeren waschen, putzen, halbieren und darauf verteilen. Im Sommer statt Trauben 1 kleinen Weinbergpfirsich waschen, würfeln und auf die Salate streuen. Feldsalat trotzt der Kälte und ist deshalb im Winter erste Wahl. Kombinieren Sie die grünen Blättchen dann mit 1 in feine Scheibchen geschnittenen Baby-Mango.

Käse und Toast

Knusprig geröstetes Brot und üppig schmelzender Käse, unter dem sich allerhand feine Überraschungen verstecken – mit der schlichten Käsestulle hat ein Käsetoast etwa so viel Ähnlichkeit wie eine Luxusjacht mit einem Tretboot. Dass aber in diesem Fall der Zauber des Backofengrills ausreicht, um das eine ins andere zu verwandeln, macht den Käsetoast zum großen Glücksfall für die Seelenfutter-Küche. Wenn Sie nämlich nach einem langen Tag nach Hause kommen und der Kühlschrank Sie leer angähnt, lassen Brot (Toast auf Vorrat einfrieren und scheibenweise auftauen) und Käse das übellaunige Geknurre des Magens ver-stummen. Eine Scheibe Wurst, ein Stückchen Gemüse oder ein würziger Aufstrich findet sich bestimmt noch. Alles aufs Brot, Käse darüber – und unter die Hitze! Das ist kreative Erste-Hilfe-Küche. Sollte man eigentlich öfter machen.

Varianten

NOCH EIN KLASSIKER
Toast Hawaii

2 Scheiben hellen Toast toasten, mit 2 TL Frischkäse bestreichen und mit je 1 Prise Currypulver bestreuen. Je 1 Scheibe gekochten Schinken auf die Toasts legen, darauf je 1 Scheibe frische Ananas (nur im Notfall aus der Dose) legen und mit je 2 Scheiben Emmentaler Käse bedecken. Unter dem Backofengrill 3–5 Min. grillen, bis der Käse schmilzt.

FÜR DIE HERZHAFTEN MOMENTE IM LEBEN
Champignon-Toast

2 Laugenbrötchen aufschneiden und die Hälften mit dem Toaster oder unter dem Backofengrill hellbraun anrösten. Die unteren Hälften mit je 2 TL Frischkäse und 1 TL körnigem Senf bestrei-chen. 2 große Champignons putzen und in dünne Scheiben schneiden. Diese auf die Brötchen legen. Alles mit 80 g Räucherkäse (z. B. Scamorza) bedecken. Die unteren Hälften ca. 2 Min. unter dem Backofengrill grillen, bis der Käse schmilzt. Die oberen Brötchenhälften daraufsetzen.

Welsh Rabbit
klassisch, praktisch, britisch

FÜR 2 PERSONEN
Zubereitung: 20 Min.

50 g Cheddar-Käse
1 EL Butter
1 EL Schwarzbier (Guinness;
  ersatzweise Malzbier)
1/4 TL scharfer Senf
1 TL Worcestersauce
1 Eigelb (Größe M)
2 Scheiben Vollkorntoast

1 Den Käse in einen tiefen Teller reiben. Dann mit einer Gabel Butter und Bier, Senf, Worcestersauce und Eigelb darunterkneten.

2 Die Brotscheiben toasten. Den Backofengrill einschalten.

3 Die Käsemasse auf den Toasts verteilen, die Welsh Rabbits auf ein Blech mit Alufolie legen und 3–5 Min. grillen, bis der Käse Blasen schlägt und braun wird. Sofort servieren. Das übrige Bier dazu trinken.

EDLES SELBSTVERWÖHNPROGRAMM
Ziegenkäse-Feigen-Toast

4 Scheiben Ciabatta unter dem Backofengrill kurz hellbraun anrösten und herausnehmen. 1 Zweig Rosmarin waschen und trocken schütteln, die Nadeln abzupfen und auf den Brotscheiben verteilen. 80 g Ziegenkäse (Ziegenrolle; z. B. Sainte-Maure) und 2 reife Feigen in Scheiben schneiden. Die Brote erst mit Käse, dann mit Feige belegen und unter dem Backofengrill 3–5 Min. grillen. Herausnehmen und mit 1 EL Honig beträufeln. Wer's nicht ganz so edel braucht, nimmt Apfelscheiben statt Feige. Die schmecken auch fein!

MUNTERMACHER-VARIANTE
Paprika-Toast

2 Scheiben gutes Mischbrot toasten. Jeweils mit 2 TL Frischkäse und 1/2 TL Tomatenmark bestreichen. 1/2 rote Paprikaschote waschen, putzen, abtrocknen und in dünne Streifen schneiden. Diese auf den Broten verteilen. Mit je 3 Scheiben Chorizo (spanische Paprikawurst) sowie insgesamt 80 g mildem Käse (z. B. Gouda) in Scheiben bedecken. Alles unter dem Backofengrill 3–5 Min. grillen, bis der Käse schmilzt.

Irgendetwas hat geschmolzener Käse an sich, das sofort nach »Mehr!« und »Noch mehr!« verlangt. Nur gut, dass der Topf irgendwann leer ist. Aber bis dahin macht das Brot-Eintunken, Herumrühren, Fädenziehen jede Menge Spaß. Und das liegt nicht nur am Kirschwasser!

Kleines Käsefondue

FÜR 2 PERSONEN
Zubereitung: 10 Min.

400 g Baguette
100 g alter Greyerzer
100 g Appenzeller
150 g Fontina
1 EL Speisestärke
100 ml trockener Weißwein
  (siehe Tipp)
1 Knoblauchzehe
2 cl Kirschwasser
  (nach Belieben)
schwarzer Pfeffer
frisch geriebene Muskatnuss

Außerdem:
Fondueset mit Rechaud,
  Caquelon (Keramik-Fonduetopf)
  und Gabeln

1 Das Stangenweißbrot in gut fingerdicke Scheiben schneiden und diese vierteln. Den Greyerzer und den Appenzeller entrinden und reiben. Den Fontina entrinden und würfeln.

2 Die Speisestärke mit 4 EL Wein glatt rühren. Den übrigen Wein im Caquelon bei kleiner Hitze erwärmen. Die Knoblauchzehe schälen und dazupressen.

3 Die angerührte Speisestärke, den Greyerzer und den Appenzeller mit in den Caquelon geben und den Käse bei mittlerer Hitze unter ständigem Rühren im Wein schmelzen.

4 Erst jetzt die Fontinawürfel ins Fondue geben und weiterrühren, bis sich alles zu einer glatten Masse verbunden hat. Mit Kirschwasser, schwarzem Pfeffer und frisch geriebener Muskatnuss würzen.

5 Den Rechaud auf den Tisch stellen, anzünden und den Caquelon daraufsetzen, um die Käsemasse warm zu halten. Die Brotwürfel auf die Fonduegabeln stecken, ins Fondue tunken und verspeisen.

DAMIT UND DAZU
Für alle außer den größten Puristen gibt es dazu saure Gurken oder anderes sauer Eingelegtes. Und Traditionalisten genießen zum Fondue gerne schwarzen Tee und/oder Kirschwasser.

ALKOHOLFREI TUNKEN
Wer auf Weißwein und Kirschwasser lieber verzichtet, kann den Käse auch in 100 ml Milch schmelzen. Die Säure bringt dann 1 Spritzer guter Weißweinessig ins Spiel.

Cheeseburger

Kann denn Fast Food Sünde sein?

Es gibt Gerichte, die wie gemacht sind für Sofatage: Tage, an denen wir uns zwischen weichen Kissen vor den Zumutungen des Alltags verschanzen. An denen wir die betagte Lieblings-Jogginghose als Rüstung gegen alle Ansprüche des Funktionieren-Müssens tragen. An denen wir auf den hübsch gedeckten Tisch, die aufrechte Haltung und den korrekten Gebrauch von Messer und Gabel pfeifen und stattdessen den größten Kaffeebecher, eine Schachtel Pralinen und im besten Fall etwas Warmes, Stärkendes in Reichweite der Sofaecke platzieren: zum Beispiel einen Cheeseburger. Zugegeben, nur die fortgeschrittensten Couch-Potatoes schaffen es, ihn mit einer Hand zu essen, während sie mit der anderen auf der Fernbedienung herumdrücken, um zu den allerherzerwärmendsten Stellen der schon Hundert Mal gesehenen amerikanischen Soap zu springen.

Kreative Hochstapeleien

Alle anderen balancieren den Teller auf den Knien und greifen mit beiden Händen zu, um in warmwürziges Hackfleisch und weiches Brötchen zu beißen. Erfahrene klemmen sich gleich ein Geschirrtuch als Lätzchen unters Kinn, denn irgendetwas tropft und rutscht immer – eine Tomatenscheibe, die Sauce oder geschmolzener Käse. Das ist halt das Fatale am Selbermachen: Hat man einmal angefangen, sich den perfekten Burger zu bauen, gibt es kein Halten mehr. Noch ein paar Zwiebelringe, noch etwas von dieser super BBQ-Sauce, die seit der letzten Grillparty im Kühlschrank steht, und hey – würden nicht auch Mangoscheiben gut passen?

(Übrigens: Wer Lust auf Abwechslung und selbst gemachte Saucen und Dips hat, findet in diesem Buch viele Anregungen. Für kreative Burger-Experimente eignen sich zum Beispiel die beiden Dips von Seite 39, die Mayonnaise von Seite 42, die Avocado-Salsa von Seite 49, das Pistou von Seite 72, der Paprika-Mango-Dip von Seite 89 und natürlich die Aïoli von Seite 96.)

Rettet den Burger vor den Burgerfabriken!

Das so entstandene Seelenfutter hat kaum Ähnlichkeit mit dem, was unter dem Begriff »Burger« in Pappschachtel-Restaurants verkauft wird. Schließlich sind sie es, die dem Fast Food seinen schlechten Ruf beschert haben: am Fließband nach standardisierten Geschmacks-vorgaben hergestellt, immer gleich, immer langweilig.

Früher hatten diese Kalorien-Tankstellen wenigstens noch den Reiz des Verbotenen. Solange die Erwachsenen predigten, Fast Food sei schlecht und ungesund, gab es natürlich gar nichts Begehrenswerteres als den Burger aus der Styroporschachtel und die Pommes, zu denen wir den Ketchup aus dem Plastiktütchen direkt aufs Tablettpapier drückten. Irgendwann durften wir essen, was wir wollten – und hatten schnell genug vom Standardburger.

Doch das Universum der Von-der-Hand-in-den-Mund-Gerichte wird zum Glück nicht ganz vom Ewiggleichen der großen Ketten beherrscht. Burger, überbackene Toasts und Artverwandtes erweisen sich nämlich als kleine kulinarische Glücksfälle, wenn man sie als Wohlfühlessen zelebriert, statt sie als bloße Hungerstiller mit schlechtem Gewissen und im Stehen zu vertilgen. Also: Do it yourself!

Mit ein paar wirklich guten Zutaten – zum Glück ist auch Bio-Hackfleisch absolut bezahlbar – und etwas Experimentierfreude macht allein schon das Kreieren des persönlichen Lieblingsburgers gute Laune. Und wenn dann noch das Sofa in Reichweite ist, fehlt rein gar nichts mehr zum Selbstverwöhnprogramm.

*Sagen Sie doch mal: »Cheese«. Spüren Sie das Lächeln?
Kein Wunder, wenn auf dem knusprigen Fleisch würziger
Käse schmilzt! Darunter schmiegen sich süß-scharfe
Zwiebeln an leicht bitteren Salat. Wer hätte gedacht, dass
Fast Food so viel Raum für geschmackvolle Kontraste lässt?*

Cheeseburger

FÜR 2 PERSONEN
Zubereitung: 35 Min.

Für das BBQ-Zwiebel-Relish:
2 rote Zwiebeln
1 EL neutrales Pflanzenöl
1 TL Zuckerrübensirup (ersatzweise dunkler Ahornsirup)
2 EL Tomatenmark
1 Prise Cayennepfeffer
1 EL Worcestersauce
1 EL Rotweinessig | Salz

Für die Burger:
2 Blätter Radicchio
1 Tomate
2 Burgerbrötchen (Buns)
250 g Rinderhackfleisch
2 EL Semmelbrösel
1 Ei (Größe M)
Salz | schwarzer Pfeffer
1 EL neutrales Pflanzenöl
2 dicke Scheiben Käse
   (z. B. Cheddar)

1 Für das Relish die Zwiebeln schälen und in Würfel schneiden. In einem kleinen Topf das Öl erhitzen und darin bei mittlerer Hitze die Zwiebeln in ca. 3 Min. glasig werden lassen. Sirup, Tomatenmark, Cayennepfeffer, Worcestersauce, Essig und 70 ml Wasser dazugeben, alles aufkochen und offen bei kleiner Hitze ca. 20 Min. einkochen, bis das Relish eine marmeladenähnliche Konsistenz hat.

2 Inzwischen für die Burger die Radicchioblätter waschen und trocken tupfen. Die Tomate ebenfalls waschen und ohne Stielansatz in Scheiben schneiden. Die Burgerbrötchen halbieren und nach Belieben toasten.

3 Das Hackfleisch gründlich mit Semmelbröseln, Ei, Salz und Pfeffer mischen und daraus zwei flache Frikadellen mit dem Durchmesser der Brötchen formen. In einer Pfanne das Öl erhitzen und die Frikadellen darin bei mittlerer Hitze von beiden Seiten je ca. 4 Min. braten. Während der letzten 30 Sek. die Käsescheiben darauflegen und schmelzen lassen.

4 Die Burger zusammensetzen: Auf den Brötchenunterteilen je 1 EL Zwiebelrelish verteilen, darauf Radicchio, 2–3 Tomatenscheiben, dann das Fleisch und wieder etwas Relish geben. Die oberen Hälften daraufsetzen. Übrige Tomatenscheiben und das restliche Relish dazu servieren.

ROSA IST ROSA, KLAR IST GAR
Wer seinen Burger innen schön rosa haben möchte, brät das Fleisch nur ca. 3 Min. von beiden Seiten. Allerdings hängt der Gargrad natürlich von der Hitze ab. Am besten gegen Ende der Garzeit ins Fleisch piksen: Ist der austretende Fleischsaft noch rosa, so ist es auch der Burger innen. Klarer Fleischsaft deutet auf einen durchgebratenen Burger hin.

Manchmal braucht man eine ehrliche Brotzeit ohne jedes Chichi. Sie soll satt machen – und keine Mühe. Das Spiegelei-Brot weckt ohne Umschweife frische Kräfte, wenn man sich richtig ausgepowert fühlt. Und es gelingt immer – auch an richtig schlechten Tagen.

Spiegelei-Brot mit Tomate und Speck

FÜR 2 PERSONEN
Zubereitung: 10 Min.

2 große Scheiben Bauernbrot
6–8 Scheiben Südtiroler Speck
  (oder anderer Rohschinken)
1 Fleischtomate
1 kleine rote Zwiebel
Salz | schwarzer Pfeffer
3 EL Butter
4 frische Eier (Größe M)
1 EL Schnittlauchröllchen oder
  Kresse oder fein geschnittener
  Bärlauch

1 Die Brotscheiben nach Belieben toasten und mit je 3–4 Scheiben Speck belegen. Die Tomate vom Stielansatz befreien und in dünne Scheiben schneiden, diese auf den Speck legen.

2 Die Zwiebel schälen und in dünne Ringe schneiden oder hobeln, diese auf den Tomaten verteilen. Alles kräftig salzen und pfeffern.

3 In einer beschichteten Pfanne bei mittlerer Hitze die Butter zerlassen, dann die Hitze reduzieren. Die Eier aufschlagen, nebeneinander in die Pfanne gleiten lassen und bei kleiner Hitze 3–4 Min. braten, bis das Eiweiß keine durchsichtigen Stellen mehr hat.

4 Die Spiegeleier salzen und pfeffern, vorsichtig mit einem Pfannenwender herausnehmen und auf die Brote legen. Mit den Kräutern bestreuen und sofort servieren.

ES LOHNT SICH, …
… für Spiegeleier frische Eier zu verwenden, denn bei ihnen wölbt sich das Eigelb nach dem Aufschlagen der Eier appetitlich glänzend nach oben. Da geht in der Pfanne die Sonne auf.

RÜHREI-BROT
Pro Person 2 Eier mit 1 Schuss Milch, Salz und Pfeffer verquirlen. In einer Pfanne bei schwacher bis mittlerer Hitze 1 EL Butter zerlassen. Wer mag, brät darin ein paar Speck- und Zwiebelwürfel glasig. Dann die Eiermasse hineingießen und stocken lassen, dabei die stockende Masse mit einem Holzspatel immer wieder vom Pfannenboden schieben. Das Rührei soll weich und großflockig sein, aber nicht trocken werden. Luxusvariante, weil wir's uns wert sind: hauchdünne Trüffelspäne darüberhobeln.

Verpflegung für einen verlotterten Heimatabend, ideal fürs Abhängen vor dem Fernseher: Würzige Dips und selbst gemachte Knusper-Chips machen das Programm gleich erträglicher. Und schmecken noch am nächsten Tag als entspannter Snack im Büro.

Brotchips plus Dips

1 Den Backofen auf 200° (Umluft 180°) vorheizen, ein Blech mit Back-papier belegen. Die Butter zerlassen, salzen und pfeffern. Das Baguette in sehr dünne Scheiben schneiden, auf das Blech legen, mit der Würz-butter bepinseln und im heißen Backofen (Mitte) in 8–10 Min. knusprig backen. Die Brotchips herausnehmen und etwas abkühlen lassen.

2 Inzwischen für den Thunfischdip den Dosenfisch etwas abtropfen lassen, in einen Rührbecher geben und zusammen mit Mascarpone, Senf und 1 EL Zitronensaft fein pürieren.

3 Das Basilikum waschen und trocken schütteln, die Blätter abzupfen und bis auf einen kleinen Rest zusammen mit den Kapern und dem grünen Pfeffer fein hacken. Die Mischung unter den Dip rühren. Diesen mit Zitronensaft, Salz und Pfeffer abschmecken, anrichten und mit dem restlichen Basilikum garnieren.

4 Für den Lachsdip in einer kleinen Schüssel den Ziegenfrischkäse mit dem Joghurt glatt verrühren. Den Dill waschen und trocken schütteln. Die Spitzen abzupfen, bis auf einen kleinen Rest für die Dekoration klei-ner zupfen und unter den Dip rühren.

5 Den Lachs fein schneiden und zusammen mit der Zitronenschale unter den Lachsdip rühren. Diesen mit Salz und Pfeffer abschmecken und mit den restlichen Dillspitzen garnieren. Die Brotchips in die Dips stippen und knabbern.

FÜR 2 PERSONEN
Zubereitung: 35 Min.

Für die Brotchips:
40 g Butter | Salz
schwarzer Pfeffer
1/2 Baguette

Für den Mascarpone-Thunfisch-Dip:
1 kleine Dose Thunfisch in Olivenöl
  (Abtropfgewicht ca. 50 g)
100 g Mascarpone
1 TL Dijon-Senf
1–2 EL Zitronensaft
ca. 5 Stängel Basilikum
je 1 TL Kapern und eingelegter
  grüner Pfeffer (aus dem Glas)
Salz | schwarzer Pfeffer

Für den Ziegenkäse-Lachs-Dip:
100 g Ziegenfrischkäse
1–2 EL Joghurt | 2 Stängel Dill
50 g Räucherlachs
1/2 TL abgeriebene Bio-
  Zitronenschale
Salz | schwarzer Pfeffer

Außerdem:
Backpapier für das Blech

SO SCHMECKT'S AUCH
Sie können die Würzbutter für die Chips zusätzlich mit Chilischrot, 1 durchgepressten Knoblauchzehe oder frisch gezupften Thymian- und Oreganoblättchen aromatisieren.

Der Teig mürbe und mit vollem Buttergeschmack, die Füllung herrlich cremig und deftig: Damit heben die Mini-Quiches garantiert die Stimmung. Und weil sie in jeder Lebenslage so gut schmecken, backen wir gleich zwei kleine Seelentröster für jeden.

Mini-Quiches

FÜR 2 PERSONEN
Zubereitung: 1 Std.
Backzeit: 10 Min. + 30 Min.

Für den Mürbeteig:
150 g Mehl
Salz
75 g kalte Butter
1 Eigelb (Größe M)

Für den Belag:
2 dünne Frühlingszwiebeln
1 Scheibe Räucherspeck
 (ca. 100 g)
1 TL Butter
1 EL frisch gehackte glatte
 Petersilie

Für den Guss:
2 Eier (Größe L) oder
 3 Eier (Größe S)
125 g Crème fraîche
50 g Greyerzer oder Emmentaler
Salz | schwarzer Pfeffer
frisch geriebene Muskatnuss

Außerdem:
4 ofenfeste flache Förmchen
 (Ø 10–12 cm)
Butter für die Form
Mehl zum Arbeiten

1 Die Förmchen fetten. Das Mehl in eine Schüssel geben. 1 kräftige Prise Salz darüberstreuen. Die Butter in kleinen Stücken und das Eigelb dazugeben. Alles mit möglichst kalten Händen schnell zu einem gleichmäßigen Teig verkneten, dabei 1–2 TL eiskaltes Wasser unterkneten. Den Teig in vier Portionen teilen, diese jeweils auf etwas Mehl rund ausrollen und in die Förmchen drücken. Den Rand etwas hochziehen. Die Förmchen mit dem Teig mindestens 30 Min. in den Kühlschrank stellen.

2 Inzwischen für den Belag Frühlingszwiebeln putzen, waschen und in sehr feine Ringe schneiden. Den Speck ohne Schwarte und Knorpel würfeln. In einer Pfanne die Butter zerlassen. Darin bei mittlerer bis starker Hitze den Speck leicht anbraten. Frühlingszwiebeln unterrühren und ganz kurz mitbraten. Petersilie unterrühren, dann die Pfanne vom Herd ziehen.

3 Den Ofen auf 180° (Umluft 160°) vorheizen. Mit dem Schneebesen Eier und Crème fraîche verrühren. Den Käse grob reiben und darunterrühren. Die Masse vorsichtig salzen und kräftig mit Pfeffer und Muskat würzen.

4 Die vorbereiteten Förmchen aus dem Kühlschrank nehmen. Den Teig im heißen Backofen (Mitte) ca. 10 Min. vorbacken, dann herausnehmen.

5 Die gebackenen Teigböden jeweils mit der Speckmischung belegen und die Eiermischung darübergießen. Alles im heißen Ofen 25–30 Min. backen, bis die Oberfläche goldbraun ist. Die Quiches aus dem Backofen nehmen und vor dem Anschneiden mindestens 5 Min. ruhen lassen. Heiß, lauwarm oder kalt servieren.

QUICHE OHNE SPECK
Für eine würzige vegetarische Version Teig wie oben beschrieben zubereiten und vorbacken. 6–8 getrocknete Tomaten (in Öl) abtropfen lassen und in Streifen schneiden. 2 EL grüne Oliven ohne Stein in feine Ringe schneiden. 1 Knoblauchzehe schälen und fein hacken. Ein paar Basilikumblättchen hacken. Alles mischen und als Belag auf die vorgebackenen Böden geben. Den Guss zusätzlich mit 1/2 TL abgeriebener Bio-Zitronenschale würzen und darübergießen. Mini-Quiches wie oben beschrieben backen.

Bei einem echt britischen Picknick dürfen sie nicht fehlen.
Und selbst wenn Sie die Picknickdecke im tiefsten Winter
im Wohnzimmer ausbreiten: Die »egg and cress sandwiches«
schmecken immer nach Sommerwind und Ferienfreiheit.

Eier-Sandwiches

FÜR 2 PERSONEN
Zubereitung: 20 Min.

2 Eier
1 TL Kapern (aus dem Glas)
1 Kästchen Kresse
2 EL Mayonnaise (siehe Tipp)
1 TL mittelscharfer Senf
Salz | schwarzer Pfeffer
4 quadratische Scheiben
  Sandwichbrot

1 Für die Eier in einem kleinen Topf Wasser aufkochen. Die Eier am stumpfen Ende anpiksen und bei kleiner Hitze in ca. 8 Min. hart kochen, abschrecken, schälen und zum Abkühlen in kaltes Wasser legen.

2 Inzwischen die Kapern hacken. Die Kresse mit einer Schere vom Beet schneiden. Beides zusammen mit der Mayonnaise und dem Senf in eine kleine Schüssel geben. Die abgekühlten Eier fein würfeln und dazugeben. Alles gut verrühren und mit Salz und Pfeffer abschmecken.

3 Den Eiersalat auf 2 Brotscheiben verteilen und mit den beiden übrigen Brotscheiben abdecken. Die Sandwiches etwas zusammendrücken, diagonal halbieren und sofort genießen.

SELBST GEMACHTE MAYONNAISE
Am feinsten schmeckt Mayonnaise, wenn Sie sie selbst machen, und das ist gar kein Kunststück. Nur lässt sie sich kaum in der hier benötigten Kleinstmenge herstellen, denn pro Eigelb braucht man für die richtige Konsistenz eine bestimmte Menge Öl. Wer aber innerhalb von zwei Tagen Verwendung für den Rest hat, kann das Mayonnaiserühren probieren. Entscheidend: Da das Ei nicht erhitzt wird, darf es nie älter als zehn Tage sein; ist es unter drei Tage alt, bleibt die Mayonnaise aber flüssig.
Alle Zutaten in ca. 30 Min. Zimmertemperatur annehmen lassen. Dann in einem Rührbecher mit dem Schneebesen oder elektrischen Handrührer 1 Eigelb (Größe M) mit 1/2 TL Senf, 1 Spritzer Zitronensaft und 1 Prise Salz verrühren. 100 ml zimmerwarmes neutrales Pflanzenöl zuerst tropfenweise, dann in dünnem Strahl unter ständigem Schlagen dazugeben, bis die Mayonnaise steif ist. Mit Salz abschmecken.
Pannenhilfe, falls die Mayo gerinnt: Rühren Sie in einer neuen Schüssel 1 frisches Eigelb mit wenigen Tropfen Öl und 1 Prise Salz cremig und schlagen Sie nach und nach die missglückte Mayonnaise darunter.

TRICK: MAYONNAISE OHNE EI
Das Mayonnaiserühren klappt auch ohne Ei, dann allerdings nur mithilfe des Pürierstabs. Dazu 40 ml zimmerwarme Milch in einem hohen Rührbecher mit 1/2 TL Senf und 1 Prise Salz verrühren. 100 ml zimmerwarmes neutrales Pflanzenöl auf einmal daraufgießen. Den Pürierstab auf den Boden des Rührbechers setzen, einschalten und ganz allmählich hochziehen, dabei die Mischung durchmixen, bis sie steif wird. Die eilose Mayonnaise mit Salz und Zitronensaft abschmecken.

Knackiger Salat mit cremig-knoblauchwürzigem Dressing, knusprigen Croûtons und zarten Parmesanspänen – wer hat da noch schlechte Laune? Hier kommen zusätzlich karamellisierte Feigen auf den berühmten Bistro-Klassiker – für noch mehr Glück auf dem Teller.

Caesars Salad

1 Von den Salatherzen den Strunk abschneiden. Die Blätter ablösen, waschen und trocken schleudern. Nach Belieben kleiner zupfen oder schneiden. Den Salat auf zwei Teller verteilen.

2 Für das Dressing in einem Rührbecher die Eigelbe mit dem Senf verrühren. Den Knoblauch schälen und 1 Zehe zum Eigelb pressen. Mit dem Schneebesen oder elektrischen Handrührer zuerst tropfenweise, dann in dünnem Strahl ca. 100 ml Öl darunterschlagen, bis eine steife Mayonnaise entstanden ist (siehe auch Tipp Seite 42).

3 Den Joghurt unter die Mayonnaise rühren und diese mit Zitronensaft, Salz und Pfeffer abschmecken. Falls nötig, 1 EL Wasser unterrühren. Das Dressing über die Salatportionen träufeln.

4 Den Backofengrill einschalten. Die Feigen vierteln, auf einen ofenfesten Teller geben und mit dem Honig beträufeln.

5 In einer Pfanne das restliche Öl erhitzen. Die Toasts nach Belieben entrinden, dann würfeln. Die Toastwürfel im Öl in 2–3 Min. goldbraun rösten. Die restliche Knoblauchzehe dazupressen und unterrühren. Die Crôutons auf Küchenkrepp abfetten, mit Salz und Pfeffer würzen und heiß auf den Salat geben.

6 Die Feigen ganz kurz unter dem heißen Grill karamellisieren und ebenfalls auf den Salat geben. Den Parmesan, z. B. mit dem Sparschäler, über die Portionen hobeln und die Salate sofort servieren.

FÜR 2 PERSONEN
Zubereitung: 35 Min.

2 Romana-Salatherzen
2 zimmerwarme frische Eigelb
  (Größe S oder M)
2–3 TL Dijon-Senf
2 frische Knoblauchzehen
120 ml zimmerwarmes Olivenöl
2 EL Joghurt
1 TL Zitronensaft
Salz | schwarzer Pfeffer
2 kleine frische Feigen
1 TL flüssiger Honig
2 Scheiben Toastbrot
40 g Parmesan am Stück

Außerdem:
ofenfester Teller

Suppen und Eintöpfe:
Glück zum Löffeln

Manche streicheln sanft unseren
Gaumen, andere regen uns kräftig an.
Und alle sind mit Liebe gekocht,
um uns wohlig-warm zu verwöhnen.

Natürlich kann man Gemüse in den Suppentopf werfen, ohne es vorher angurösten. Aber erst die Hitzekur im Backofen kitzelt aus den bescheidenen Wurzeln und Knollen die Süße und die warmen Aromen hervor.

Röstgemüsesuppe mit Avocado-Salsa

1 Den Backofen (außer bei Umluft) auf 220° vorheizen. Die Möhren putzen, schälen und einmal längs, einmal quer halbieren. Die Zwiebel schälen und vierteln. Den Topinambur putzen, schälen und die Knollen je nach Größe eventuell halbieren.

2 In einer großen Schüssel das vorbereitete Gemüse und die unge-schälten Knoblauchzehen mit Öl, Salz und Kreuzkümmel gründlich durchmischen, sodass alles benetzt ist.

3 Die Gemüsemischung auf ein Backblech geben und im heißen Back-ofen (oben; Umluft 200°) 45–50 Min. backen, bis das Gemüse weich ist und an den Rändern dunkelbraun wird.

4 Inzwischen die Chilischoten waschen, putzen und längs halbieren, die Samen entfernen und die Hälften in Streifchen schneiden.

5 Für die Avocado-Salsa die Limette heiß abwaschen und abtrocknen. Die Hälfte der Schale abreiben und den Saft auspressen. Die Avocado schälen, ohne Stein in sehr feine Würfel schneiden und sofort mit Limet-tensaft und -schale vermischen.

6 Die Frühlingszwiebel putzen, waschen und in feine Ringe schneiden, diese unter die Salsa mischen und alles mit Salz abschmecken.

7 Das Gemüse aus dem Ofen nehmen, die Knoblauchzehen heraus-suchen und schälen. Alles in einen großen Topf geben. Die Chilis und die Gemüsebrühe dazugeben, alles aufkochen und bei mittlerer Hitze ca. 5 Min. köcheln lassen.

8 Die Gemüsesuppe mit einem Pürierstab glatt pürieren und mit Salz abschmecken. Auf Suppenteller verteilen und auf jede Portion etwas Avocado-Salsa geben.

FÜR 2 PERSONEN
Zubereitung: 25 Min.
Backzeit: 50 Min.

Für die Suppe:
3 große Möhren
1 große Zwiebel
300 g Topinambur
2 Knoblauchzehen
2 EL neutrales Pflanzenöl
Salz
1/2 TL gemahlener Kreuz-
    kümmel (Cumin)
2–4 frische Chilischoten
    (je nach gewünschter Schärfe)
750 ml Gemüsebrühe (Instant)

Für die Avocado-Salsa:
1 Bio-Limette
1 reife Avocado
1 Frühlingszwiebel
Salz

Gemüse und Sahne

Frisches Gemüse liebt »Hochprozentiges«: Es badet leidenschaftlich gern in Sahne, Schmand oder Crème fraîche. Die fettreichen Milchprodukte verpassen Suppen und Eintöpfen vollmundig-runden Geschmack. Und es ist ja so einfach, mit dem Duo glücklich zu werden: Gemüse grob schnippeln, in Brühe kochen, Sahne dazugießen und alles mit dem Pürierstab schaumig aufmixen – schon fertig! Besonders erfreulich: Auch viele Vitamine, die unsere Gesundheit verlangt, brauchen Fett, damit wir sie verwerten können. Die Gelegenheit geben wir ihnen! Und die wasserlöslichen Vitamine, soweit sie die Hitze vertragen, bleiben uns in der Suppe ja zum Glück auch erhalten.

Varianten

NACH LADENSCHLUSS SCHNELL GEZAUBERT

Erbsencremesuppe

1 Schalotte und 1 kleine Kartoffel schälen und würfeln. Schalotte in 1 EL Butter glasig dünsten. Kartoffeln kurz mitdünsten. Mit 150 g TK-Erbsen, 200 ml Gemüsebrühe (Instant) und 100 g Sahne aufkochen, alles zugedeckt ca. 10 Min. köcheln lassen. 50 g Sahne mit je 1 Prise Salz und Muskat sowie nach Belieben 1 TL Grappa halbsteif schlagen. In einer Pfanne ohne Fett 1 EL Mandelblättchen anrösten. Die Suppe pürieren und, falls nötig, etwas verdünnen. Durch ein Sieb passieren, in Schalen mit Sahne und Mandelblättchen garnieren.

MIT CHILI-MINZE-KICK

Spinat-Zucchini-Süppchen

100 g Spinat waschen, abtropfen lassen, hacken. 1 Handvoll Minzeblätter waschen und klein schneiden. 100 g Zucchini waschen, putzen, zerkleinern. 1 kleine weiße Zwiebel und 1 Knoblauchzehe schälen, würfeln und in 1 EL Butter glasig dünsten. Zucchini kurz mitdünsten. Mit Spinat, der Hälfte der Minze, 100 ml Gemüsebrühe (Instant) und 150 g Sahne aufkochen. Alles zugedeckt ca. 10 Min. köcheln lassen, dann fein pürieren. Falls nötig, etwas verdünnen. Mit 1 TL Zitronensaft oder Aceto balsamico bianco sowie Salz und je 1 Prise gemahlenem Koriander und Piment d'Espelette oder Chiliflocken abschmecken und nochmals aufmixen. Übrige Minze aufstreuen.

Wurzelsüppchen mit Nuss-Topping
der weiße Klassiker

FÜR 2 PERSONEN
Zubereitung: 35 Min.

Für die Suppe:
1 EL Butter | 1 kleine weiße Zwiebel
je 200 g Petersilienwurzeln
  und Pastinaken
600 ml Gemüsefond (aus
dem Glas) | 100 g Sahne
1 Msp. abgeriebene Zitronenschale
1 Schuss Wermut
  (z. B. Noilly Prat; nach Belieben)
frisch geriebene Muskatnuss
Salz | schwarzer Pfeffer

Für das Topping:
2 EL Haselnusskerne
3 Stängel glatte Petersilie
grob gemahlener schwarzer Pfeffer

1 Im Suppentopf bei mittlerer Hitze die Butter zerlassen. Die Zwiebel schälen, würfeln und glasig dünsten. Petersilienwurzeln und Pastinaken schälen, putzen, zerkleinern und kurz mitdünsten.

2 Den Gemüsefond und die Sahne zum Gemüse gießen und alles aufkochen. Das Gemüse bei schwacher bis mittlerer Hitze zugedeckt in 15–20 Min. weich garen.

3 Inzwischen für das Topping in einer kleinen Pfanne ohne Fett die Haselnusskerne anrösten, dann mit einem schweren Messer grob hacken. Die Petersilie waschen und trocken schütteln, die Blättchen fein hacken und mit den Nüssen, der abgeriebenen Zitronenschale und etwas grob gemahlenem Pfeffer mischen.

4 Nach Belieben den Wermut zu den Petersilienwurzeln und Pastinaken gießen. Alles mit dem Pürierstab schaumig pürieren. Falls nötig, etwas heißes Wasser angießen. Die Suppe mit Muskat, Salz und Pfeffer abschmecken und sofort mit der Nussmischung bestreut servieren.

KLASSIKER DER HEIMWEHKÜCHE
Omas Kartoffeltopf

1 dickes Bund Suppengemüse (Lauch, Möhre, Sellerie) und 2 große vorwiegend festkochende Kartoffeln (ca. 400 g) putzen bzw. schälen und waschen. Das Suppengemüse in feine, die Kartoffeln in größere Würfel schneiden und im Suppentopf in 1 EL Butter andünsten. 1 TL getrockneten Majoran darüberstreuen. 400 ml gut gewürzte Gemüsebrühe (Instant) angießen und aufkochen. Alles bei kleiner bis mittlerer Hitze zugedeckt in 20–30 Min. weich garen und, falls nötig, etwas Wasser angießen.

Inzwischen 2 Wiener Würstchen in dünne Rädchen schneiden. 50 g Schmand mit 1 EL Schnittlauchröllchen verrühren und mit Salz und Pfeffer abschmecken.
Kartoffeln und Gemüse mit einem Kartoffelstampfer grob zerstampfen und 100 g ungewürzten Schmand unterrühren. Die Würstchen dazugeben und miterhitzen. Kartoffeltopf mit Salz und Pfeffer abschmecken, auf Suppenteller verteilen und mit je 1 dicken Klecks Schnittlauchschmand servieren.

Cremige Tomatensuppe – das geht auch ohne Sahne!
Kokosmilch und Limettenblätter versetzen den Klassiker
nach Ostasien. Und uns ebenso: Wir setzen uns in Gedanken
unter die Palmen am Lieblings-Wegträum-Strand…

Tomaten-Kokos-Suppe

FÜR 2 PERSONEN
Zubereitung: 30 Min.

2 Frühlingszwiebeln
3 EL neutrales Pflanzenöl
500 g passierte Tomaten
   (Tetrapak)
4 Kaffirlimettenblätter
   (Asienladen)
250 ml Kokosmilch
   (Tetrapak oder Dose)
Salz
1 Prise Cayennepfeffer
1 TL Zucker
100 g Räuchertofu
1 EL + 1 TL Speisestärke

1 Die Frühlingszwiebeln putzen und waschen. Weiße und grüne Teile getrennt in dünne Ringe schneiden.

2 Im Suppentopf 1 EL Öl erhitzen und das Weiße der Frühlingszwiebeln darin bei mittlerer Hitze in ca. 3 Min. glasig werden lassen. Die passierten Tomaten dazugeben und das Ganze aufkochen.

3 Die Limettenblätter waschen, trocken tupfen, mehrmals einreißen und zusammen mit der Kokosmilch in den Topf geben. Alles mit Salz, Cayennepfeffer und Zucker würzen, einmal aufkochen und dann bei kleiner Hitze offen ca. 10 Min. kochen.

4 Inzwischen den Tofu ca. 2 cm groß würfeln und in 1 EL Speisestärke wenden. In einer Pfanne das restliche Öl erhitzen und die Tofuwürfel darin bei starker Hitze in ca. 5 Min. goldbraun und knusprig braten. Herausnehmen und auf Küchenpapier entfetten.

5 Die Limettenblätter aus dem Topf fischen. 1 TL Speisestärke mit 2 EL kaltem Wasser verrühren, in die Suppe geben und noch einmal aufkochen. Die Suppe mit Salz, Cayennepfeffer und Zucker abschmecken. Zum Servieren in tiefe Schalen füllen und mit den Tofuwürfeln und den rohen grünen Frühlingszwiebelringen bestreuen.

TAUSCHE BLÄTTER GEGEN FRUCHT
Wenn Sie die Kaffirlimettenblätter nicht bekommen haben, ersetzen Sie sie einfach durch die abgeriebene Schale von 1/2 Bio-Limette. Der Geschmack ist ganz anders, aber eine schöne Zitrusfrische bekommt die Suppe damit ebenfalls. Wer sich hingegen im Asienladen mit einem Vorrat an Limettenblättern eingedeckt hat, kann sie prima einfrieren und bei Bedarf einzeln entnehmen.

Kürbis-Cappuccino mit Garnelenspieß

1 Rechtzeitig die Garnelenspieße bei Zimmertemperatur auftauen.

2 Für den »Cappuccino« das Kürbisstück schälen und ohne Kerne und Fasern grob würfeln. Die Kartoffel schälen und ebenfalls grob zerkleinern. Knoblauch, Schalotte und Ingwer schälen und sehr fein würfeln.

3 In einem Topf das Butterschmalz erhitzen. Knoblauch, Schalotte und Ingwer darin glasig dünsten. Die Kürbis- und Kartoffelstücke und nach Belieben 1 kräftige Prise Piment d'Espelette oder Chilischrot unterrühren. Den Gemüsefond angießen und alles aufkochen. Kürbis und Kartoffeln bei kleiner Hitze zugedeckt in 15–20 Min. weich kochen.

4 Inzwischen für die Spieße die Petersilie waschen und trocken schütteln, die Blättchen fein hacken. Den Knoblauch schälen, ebenfalls fein hacken und zusammen mit der Zitronenschale und nach Belieben 1 kräftigen Prise Piment d'Espelette unter die Petersilie mischen.

5 Die Suppe mit dem Pürierstab fein pürieren und nach Belieben durch ein Sieb passieren. Falls zu viel Flüssigkeit verkocht ist, etwas heißes Wasser unterrühren. Suppe mit Salz und Pfeffer nochmals abschmecken und auf angewärmte große Becher oder Schalen verteilen.

6 Inzwischen die Milch gut erhitzen, aber keinesfalls aufkochen. In einer Pfanne ohne Fett die Kürbiskerne anrösten und herausnehmen.

7 In der Pfanne das Butterschmalz erhitzen. Die Garnelenspieße waschen, mit Küchenkrepp trocken tupfen und im Butterschmalz bei mittlerer Hitze von beiden Seiten je 2–3 Min. braten.

8 Die Milch mit dem gesäuberten Pürierstab aufschäumen und auf die Suppenportionen verteilen. Die Kürbiskerne darüberstreuen. Die Garnelenspieße salzen, mit der Kräutermischung bestreuen und jeweils auf die Tassen oder Schalen legen. Sofort servieren.

FÜR 2 PERSONEN
Auftauen: 2 Std.
Zubereitung: 40 Min.

Für die Garnelen:
2 TK-Garnelenspieße natur
    (à ca. 50 g mit geschälten
    rohen Garnelen)
2–3 Stängel glatte Petersilie
1 kleine Knoblauchzehe
1 TL abgeriebene Bio-
    Zitronenschale
Piment d'Espelette oder
    Chilischrot
1 TL Butterschmalz
Salz

Für den »Cappuccino«:
400 g Muskatkürbis
    (ungeputzt gewogen)
1 Kartoffel
1 Knoblauchzehe
1 Schalotte
1 kleines Stück frischer
    Ingwer (ca. 1 cm)
1 TL Butterschmalz
Piment d'Espelette oder
    Chilischrot
300 ml Gemüsefond
    (aus dem Glas)
Salz | schwarzer Pfeffer
75 ml Milch (am besten H-Milch)
2 EL Kürbiskerne

In Osteuropa weiß man, wie man sich in kalten Wintern wärmt.
Bei dieser in vielen Varianten bis nach Sibirien verbreiteten Suppe
erfreut allein schon die kräftige Farbe Herz und Seele.

Borschtsch

1 Die Zwiebel schälen und würfeln. Den Lauch putzen, längs aufschneiden, gründlich waschen und in ca. 1 cm breite Stücke schneiden.

2 Den Sellerie, die Möhre und die Roten Beten putzen, schälen und in ca. 1 cm große Würfel schneiden. Den Weißkohl waschen, putzen, vom Strunk befreien und in feine Streifen schneiden oder hobeln.

3 Im Suppentopf das Öl erhitzen und die Zwiebelwürfel darin bei mittlerer Hitze in ca. 3 Min. glasig andünsten.

4 Das Tomatenmark unter die Zwiebeln rühren, das vorbereitete Gemüse und den Kümmel hinzugeben, mit der Brühe aufgießen, alles aufkochen und bei kleiner Hitze zugedeckt ca. 45 Min. köcheln lassen.

5 Inzwischen den Dill kalt abbrausen und gut trocken schütteln. Die Spitzen abstreifen, fein hacken und mit dem Schmand verrühren.

6 Ca. 5 Min. vor Ende der Garzeit die Gurken in dünne Scheiben schneiden und mit in die Suppe geben.

7 Die fertige Suppe mit dem Gurkensud sowie Salz und Pfeffer säuerlich abschmecken und mit je 1 Klecks Dillschmand servieren. Dazu schmeckt am besten kräftiges Sauerteigbrot.

FÜR 2 PERSONEN
Zubereitung: 30 Min.
Garzeit: 45 Min.

1 kleine Zwiebel
1 dünne Stange Lauch
100 g Knollensellerie
1 Möhre
2 Rote Beten (ca. 450 g)
300 g Weißkohl
1 EL neutrales Pflanzenöl
1 EL Tomatenmark
1 TL gemahlener Kümmel
750 ml Gemüsebrühe (Instant)
1 Bund Dill
200 g Schmand
200 g Essig- oder Salzgurken
   (aus dem Glas) und
   100 ml vom Sud
Salz | schwarzer Pfeffer

ALLES SO SCHÖN ROT HIER!
Rote Bete färbt nicht nur die Suppe tief purpurrot, sondern leider auch Kleidung und Hände. Beim Kochen sollte also die gute alte Küchenschürze zum Einsatz kommen. Ganz Vorsichtige verwenden beim Gemüseschneiden sogar Einweghandschuhe, um rotblaue Flecken an den Händen zu vermeiden. Nötig ist das allerdings nicht: Wenn Seife allein nicht hilft, macht ein wenig Zitronensaft die Hände nach dem Kochen wieder sauber.

Ein richtiges Chili muss nach Lagerfeuer und der unendlichen
Weite der Prärie schmecken. Für die rauchige Note sorgt
hier der Speck, und da ein Cowboy keinen Fleischwolf in der
Satteltasche mitführt, gibt's statt Hackfleisch was zu beißen.

Chili con Carne

1 Vom Speck die Schwarte abschneiden und beiseitelegen. Den Speck in feine Würfel schneiden. Die Zwiebel und die Knoblauchzehen schälen und ebenfalls würfeln. Die Chilischote(n) waschen und putzen, längs halbieren und entkernen, das Fruchtfleisch in feine Streifen schneiden. Das Rindfleisch trocken tupfen.

2 Im Suppentopf bei kleiner Hitze in 1 EL Öl die Schwarte und den Speck ca. 5 Min. auslassen, bis er knusprig ist, dann herausnehmen. Die Hitze erhöhen und im Speckfett das Rindfleisch bei starker Hitze offen in ca. 5 Min. rundum gut bräunen, dann herausnehmen.

3 Das restliche Öl zum Bratfett geben und darin bei mittlerer Hitze Zwiebeln, Knoblauch und Chili ca. 3 Min. anbraten, bis die Zwiebeln glasig sind. Das Tomatenmark einrühren und ca. 1 Min. mitrösten.

4 Die stückigen Tomaten, das Bier, 100 ml Wasser, Speck und Schwarte, Fleisch, Zucker und die Gewürze mit in den Topf geben, alles aufkochen und bei kleiner Hitze zugedeckt ca. 45 Min. köcheln lassen.

5 Die Bohnen abgießen und abspülen, mit in den Topf geben und alles bei kleiner Hitze ca. 10 Min. weiterkochen. Inzwischen die Limettenhälfte auspressen. Die Petersilie waschen und trocken schütteln, die Blätter abzupfen und fein hacken.

6 Die Speckschwarte aus dem Chili nehmen und den Eintopf mit Limettensaft, Salz, Zucker und Cayennepfeffer abschmecken. Jede Portion mit Schmand krönen und mit Petersilie bestreuen. Dazu passen weiche Weizentortillas oder knusprige Tortillachips.

FÜR 2 PERSONEN
Zubereitung: 35 Min.
Garzeit: 45 Min.

50 g durchwachsener
  Räucherspeck
1 Zwiebel
3 Knoblauchzehen
1–3 frische rote Chilischoten
  (je nach gewünschter Schärfe)
300 g Rindergulasch
2 EL neutrales Pflanzenöl
1 TL Tomatenmark
1 Dose stückige Tomaten (400 g)
200 ml Bier (ersatzweise Wasser)
1 TL brauner Zucker
  (+ etwas zum Abschmecken)
Salz
je 1/2 TL getrockneter Oregano
  und gemahlener Kreuzkümmel
  (Cumin)
1 Dose Kidneybohnen
  (Abtropfgewicht ca. 250 g)
1/2 Limette
1/2 Bund glatte Petersilie
Cayennepfeffer
100 g Schmand

Linseneintopf mit knuspriger Pancetta

FÜR 2 PERSONEN
Zubereitung: 30 Min.
Garzeit: 30 Min.

100 g feine braune Berglinsen
1 Knoblauchzehe (nach Belieben)
3 Zweige Thymian
1 Stück Lauch (5–8 cm)
1 Stange Staudensellerie
1 kleine Möhre
1 Kartoffel (ca. 100 g)
1 EL Butter
2 EL Olivenöl
500 ml Gemüsefond (aus dem
  Glas) oder -brühe (Instant)
schwarzer Pfeffer
2 EL Aceto balsamico
1/2–1 TL Dijon-Senf
Salz
100 g Pancetta (luftgetrockneter
  italienischer Bauchspeck)

1 Die Berglinsen mit kaltem Wasser mehr als bedecken und bis zur Verwendung einweichen (siehe Tipp unten).

2 Den Knoblauch schälen und sehr fein hacken. Den Thymian waschen und trocken schütteln. Von 1 Zweig die Blättchen abstreifen und beiseitelegen. Das Lauchstück längs halbieren, gründlich waschen und fein hacken. Sellerie waschen und grobe Fäden abziehen, die Stange klein schneiden. Möhre und Kartoffel schälen und klein würfeln.

3 In einem Schmortopf die Butter und 1 EL Öl erhitzen. Das geschnittene Gemüse und die Hälfte des Knoblauchs darin 2–3 Min. andünsten.

4 Die Linsen in ein Sieb abgießen, kurz mit fließendem Wasser abspülen und zum Gemüse geben. Thymianzweige und Gemüsefond oder -brühe dazugeben. Alles aufkochen, dann bei kleiner Hitze zugedeckt 25–30 Min. köcheln lassen, bis die Linsen weich sind. Falls nötig, etwas Wasser angießen.

5 Die Suppe mit Pfeffer, Essig, Senf und Salz abschmecken. Die Thymianzweige entfernen. Zum Binden 1 Kelle Suppe abnehmen, pürieren und wieder untermischen. In einer Pfanne restliches Olivenöl erhitzen, die Pancetta würfeln und darin knusprig ausbraten. Thymianblättchen und Knoblauch kurz mitbraten. Die Suppe in Schälchen verteilen und mit der Pancetta-Mischung bestreut servieren.

EINWEICHEN?
Feine Berglinsen müssen in der Regel gar nicht oder nur kurz eingeweicht werden. Wenn Sie andere Linsen nehmen, z. B. Tellerlinsen, sollten Sie sie auf jeden Fall 1–2 Std. in reichlich kaltem Wasser einweichen und dann in einem Sieb mit fließendem Wasser abspülen. Im Zweifel richten Sie sich nach der Packungsangabe.

WURST STATT SPECK
Statt der Pancetta passen auch Salsicce-Bällchen in die deftige Suppe. Dafür das Fleischbrät von 1 Salsiccia (italienische Bratwurst) aus der Wursthaut drücken und zu Bällchen rollen. Diese 15–20 Min. mitgaren. Oder ganz einfach Wiener Würstchen oder Chorizo-Wurst in Rädchen schneiden und miterhitzen.

Hühnersuppe

Heiße Hilfe gegen Schnupfen und Weltschmerz

Erwischt! Da ist sie, die Erkältung. Dieses Frösteln, diese Triefnase, die am erholsamen Schlafen hindert, weil einen das eigene Schnarchen weckt! Dieses Gefühl, dass jeder Handgriff zu anstrengend ist für den geplagten Körper! Jetzt möchte man nur die Decke über den Kopf ziehen und sich weit, weit wegträumen ... Nur: Am Wegträumen hindert die Schniefnase – siehe oben.

Jüdisches Penicillin

Man kann sich nun entweder der Erkältung ergeben, husten, stapelweise Taschentücher verbrauchen und sich leidtun. Oder man nimmt den Kampf auf und bringt Großmutters Hausmittel zum Einsatz: eine Wärmflasche für die Füße, Tee mit Honig und Zitrone gegen das Kratzen im Hals und vor allem einen großen Teller Hühnersuppe. »Jewish penicillin« (jüdisches Penicillin) nennen manche Amerikaner diese herrlich heiße, duftende, sättigende, wärmende Arznei und glauben fast ehrfürchtig an ihre Wirkung – nicht zu Unrecht: Die Forschung sagt, dass Hühnersuppe wirklich Entzündungen lindern kann und mit einer Portion Zink das Immunsystem anregt. Außerdem wirkt der Dampf über dem Teller wie eine Runde Inhalieren, befeuchtet die geplagten Atemwege und löst den Schleim. So nimmt es der Magenstreichler mit so manchem Mittelchen aus der Apotheke auf. Und der Glaube an die positive Wirkung hilft ohnehin am sichersten. Aber warum »jüdisches« Penicillin? Nein, es hat nichts damit zu tun, dass Hühnersuppe wie die Juden in der Diaspora überall auf dem Erdball heimisch ist. Für den Begriff stand vielmehr die jüdische Mutter Patin: das viel bewitzelte und gleichzeitig heimlich verehrte Klischeebild der ewig sorgenden, sich in alles einmischenden Matriarchin, die ihren Kindern beim geringsten Anzeichen einer geröteten Nase Hühnersuppe kocht. Auch wenn die längst erwachsen sind.

Ich bemuttere mich selbst!

Zum Glück muss sich niemand von einer jüdischen oder nichtjüdischen Mutter in die Kleinkindrolle zurückdrängen lassen, damit die Hühner-suppenmedizin wirkt. Denn das Gefühl warmer Geborgenheit stellt sich beim Löffeln auch dann ein, wenn man das Huhn selbst in den Suppentopf verfrachtet hat. Natürlich umso stärker, wenn man sich sicher sein kann, dass man ein glückliches Freilandhuhn statt eines elenden Legebatterie-geschöpfs erwischt hat. Dralle Brathähnchen eignen sich übrigens nicht besonders für diesen Zweck: Sie werden so jung geschlachtet, dass ihr Fleisch beim langen, aromenauslaugenden Kochen mehlig wird. Ältere Hühner, die ihre Muskeln beim Laufen und Scharren gut trainieren konn-ten, eignen sich für Suppe am besten – Suppenhühner eben.

Wohlfühlmedizin aus dem großen Topf

Wenn Sie ein gutes Suppenhuhn bekommen haben, kochen Sie es gleich im Ganzen, statt sich mit der Zweiermenge zu begnügen. Verdoppeln Sie die restlichen Zutaten für die Brühe in dem Rezept auf der nächsten Seite und setzen Sie einen großen Topf auf. Ist nach der Suppenkur etwas übrig, lässt sich die Brühe prima einfrieren. So sind Sie gleich gegen die nächste Erkältung gewappnet. Übrigens: Die Chinesen schwören darauf, ein großes Stück frischen Ingwer in der Hühnerbrühe mitzukochen. Das scharfe Gingerol daraus wirkt entzündungshemmend, und damit wärmt sie noch besser – und zwar sowohl den Leib als auch die Seele.

Nicht nur der heimelig-vertraute Duft, nicht nur das Goldgelb der Brühe und das Bunt der Gemüsewürfel sorgen dafür, dass sich bei diesem Gericht unwillkürlich die Mundwinkel heben. Auch die Nudeln machen gute Laune – besonders natürlich, wenn es Buchstaben oder Sternchen sind!

Hühnersuppe mit Nudeln

FÜR 2 PERSONEN
Zubereitung: 35 Min.
Garzeit: 1 Std.

Für die Hühnerbrühe:
1 Möhre
100 g Knollensellerie
1 kleine Stange Lauch
3 Hähnchenschenkel (ca. 700 g)
1 Lorbeerblatt
5 schwarze Pfefferkörner
Salz | schwarzer Pfeffer
1 Spritzer Zitronensaft

Für die Einlage:
1 Möhre
100 g Suppennudeln
  (z. B. Buchstaben-, Sternchen-
  oder Fadennudeln)
Salz | 3 Stängel glatte Petersilie
100 g TK-Erbsen

1 Für die Hühnerbrühe Möhre und Sellerie putzen und schälen, Lauch putzen, der Länge nach aufschlitzen und gründlich waschen. Das Gemüse grob zerkleinern.

2 Die Hähnchenschenkel kalt abspülen und zusammen mit dem Gemüse sowie dem Lorbeerblatt und den Pfefferkörnern in den Suppentopf geben. Mit 1,2 l kaltem Wasser auffüllen, zum Kochen bringen und bei kleinster Hitze offen ca. 1 Std. köcheln lassen.

3 Inzwischen für die Einlage die Möhre putzen, schälen und in Scheibchen schneiden. Die Nudeln nach Packungsangabe in reichlich Salzwasser bissfest garen, abgießen und gut kalt abschrecken. Die Petersilie waschen und trocken schütteln, die Blättchen fein hacken.

4 Nach der Kochzeit die Hähnchenschenkel aus dem Topf nehmen. Ein Sieb mit einem Tuch auslegen und die Brühe durchseihen, das ausgekochte Gemüse wegwerfen. Möglichst viel Fett von der Brühe abschöpfen. Die Brühe salzen und pfeffern, mit den Möhrenscheiben für die Einlage erneut erhitzen und bei mittlerer Hitze ca. 8 Min. köcheln lassen. Nach ca. 5 Min. die unaufgetauten Erbsen dazugeben.

5 Das Hähnchenfleisch von den Knochen lösen und ohne Haut in mundgerechte Stücke schneiden. Zuletzt zusammen mit den Nudeln und der Petersilie in die Suppe geben und alles noch einmal erhitzen. Mit Salz, Pfeffer und 1 Spritzer Zitronensaft abschmecken.

ENTSPANNT VORGEKOCHT
Die Brühe lässt sich wunderbar vorbereiten. Wenn Sie sie über Nacht kühl stellen, können Sie außerdem am nächsten Tag das erstarrte Fett bequem als Platte von der Oberfläche abheben und wegwerfen.

*Im Osten geht die Sonne auf, und so bringt diese Suppe
mit fernöstlichen Gewürzen warmes Licht in trübe Tage.
Das scharf-würzige Aroma regt sanft an, aber nicht auf.
Einfach gut, wenn wir schnell einen kleinen Kick brauchen.*

Kokos-Hühner-Suppe

FÜR 2 PERSONEN
Zubereitung: 30 Min.

1 walnussgroßes Stück frischer
   Ingwer oder Galgant
1 Stängel Zitronengras
2–3 Kaffirlimettenblätter
   (Asienladen)
300 ml Hühnerbrühe (Instant)
100 g Zuckerschoten
1 kleines Bund Frühlingszwiebeln
1 frische rote oder grüne
   Chilischote
1 Hähnchenbrustfilet (ca. 200 g)
250 ml Kokosmilch (Tetrapak)
2–3 Stängel Koriandergrün
1–2 TL Limettensaft
1–2 TL Fischsauce (Asienladen)
Salz

1 Den Ingwer oder Galgant, das Zitronengras und die Limettenblätter
waschen. Ingwer oder Galgant ungeschält in Scheiben schneiden.
Das Zitronengras längs halbieren und am unteren Ende etwas flach-
klopfen. Die Kaffirlimettenblätter mehrmals seitlich einreißen.

2 In einem kleinen Topf die Hühnerbrühe mit Ingwer oder Galgant,
Zitronengras und Limettenblättern aufkochen und zugedeckt 15 Min.
oder länger köcheln lassen.

3 Inzwischen die Zuckerschoten waschen und, falls nötig, putzen, dann
schräg halbieren. Die Frühlingszwiebeln putzen, waschen und schräg
in Scheiben schneiden. Die Chilischote waschen, putzen und halbieren,
nach Belieben entkernen (für weniger Schärfe), dann in feine Streifen
schneiden. Das Hähnchenbrustfilet waschen, trocken tupfen und in
mundgerechte Streifen schneiden.

4 Im Suppentopf die Kokosmilch zum Kochen bringen. Die aromatisierte
Hühnerbrühe durch ein Sieb dazugießen und aufkochen. Zuckerschoten
und Frühlingszwiebeln dazugeben und 2–3 Min. mitkochen. Das Hühner-
fleisch dazugeben und alles nochmals aufkochen, dann die Chilistreif-
chen dazugeben und alles bei kleiner Hitze in ca. 5 Min. gar ziehen lassen.

5 Das Koriandergrün waschen und trocken schütteln, die Blättchen
abzupfen. Die Suppe mit Limettensaft, Fischsauce und eventuell Salz
abschmecken, auf zwei Schalen verteilen und mit Korianderblättern
bestreut servieren.

NOCH EINFACHER
*Thai-Köche bereiten nicht erst einen Aromasud zu, sondern kochen
Hühnerbrühe und Kokosmilch zusammen auf, geben die Würzzutaten
dazu und garen dann Hähnchenstücke und Gemüse gleich mit. Zitronengras, Ingwer oder Galgant und Limettenblätter werden mitserviert. Der
echte Genießer fischt dann mit Stäbchen die Hühner- und Gemüsestück-
chen aus seiner Suppe und schlürft zum Schluss lautstark das Flüssige.*

Von den Asiaten lässt sich viel lernen in Sachen Wohlfühl-suppen – nicht nur das genüssliche Schlürfen, das angeblich die Aromen besonders gut zur Entfaltung bringt. Diese vietnamesische Lieblingsbrühe weckt pure Suppenlust schon beim langen, duftintensiven Kochen.

Pho Bo

FÜR 2 PERSONEN
Zubereitung: 40 Min.
Garzeit: 1 Std. 30 Min.

Für die Brühe:
1 kleine Zwiebel
1 Stück frischer Ingwer (ca. 3 cm)
1 Rinderbeinscheibe (400–500 g)
1 Sternanis
2 Gewürznelken
1/2 Zimtstange
3 EL Fischsauce (Asienladen)

Für die Einlagen:
100 g Rumpsteak
200 g Reisnudeln
100 g Soja- oder Mungo-
   bohnensprossen
2 Frühlingszwiebeln
1–3 frische Chilischoten
   (je nach gewünschter Schärfe)
1 kleines Bund Koriandergrün
1/2 Bio-Limette
Fischsauce zum Abschmecken

1 Für die Brühe die Zwiebel waschen und mitsamt der Schale halbieren. Den Ingwer waschen und ungeschält in dünne Scheiben schneiden. Die Beinscheibe abspülen und im Suppentopf zusammen mit 1,5 l kaltem Wasser, Zwiebel, Ingwerscheiben, den Gewürzen und der Fischsauce zum Kochen bringen. Die Hitze reduzieren und bei kleinster Hitze alles mit halb aufgelegtem Deckel ca. 1 Std. 30 Min. sanft köcheln lassen.

2 Nach ca. 1 Std. Garzeit für die Einlage das Rumpsteak trocken tupfen, Fett und Sehnen entfernen, das Fleisch grob in Würfel schneiden und ins Gefrierfach legen. Die Reisnudeln in kaltem Wasser ca. 30 Min. einweichen.

3 Inzwischen die Sprossen kalt abbrausen und abtropfen lassen. Die Frühlingszwiebeln putzen, waschen und in dünne Ringe schneiden. Die Chilis waschen, putzen, längs halbieren, entkernen und ebenfalls fein schneiden. Das Koriandergrün waschen und trocken schütteln, die Blättchen abzupfen. Die Limettenhälfte heiß waschen, trocken reiben und in Spalten schneiden. Alles separat in fünf Schälchen anrichten.

4 Ein Sieb mit einem Tuch auslegen, die fertige Brühe durchseihen und beiseitestellen. Die gekochte Beinscheibe ohne Knochen, Fett und Sehnen in mundgerechte Stücke schneiden, diese zurück in die Brühe geben. Die Reisnudeln nach Packungsangabe kochen, dann in ein Sieb abgießen und abschrecken.

5 Das angefrorene Rumpsteak quer zur Faser in möglichst dünne Scheibchen schneiden und diese auf zwei Suppenschalen verteilen. Die Brühe noch einmal aufkochen, sofort darüberschöpfen und alles servieren.

6 Bei Tisch gibt jeder Nudeln in seine Suppe, garniert sie mit Sprossen, Koriander, Chili und Frühlingszwiebeln und würzt sie nach Belieben mit Limettensaft und Fischsauce. Zwischendurch heiße Brühe nachschöpfen.

Lamm-Stew mit Basilikum-Gremolata

1 Den Backofen (außer bei Umluft) auf 200° vorheizen. Den Lauch putzen und in Ringe schneiden, diese gründlich waschen.

2 Die Möhre schälen und putzen, je nach Dicke eventuell längs halbieren, dann in nicht zu dünne Scheibchen schneiden. Die Kartoffeln schälen und klein würfeln.

3 Die Paprikaschote waschen, putzen und ebenfalls würfeln. Die Zwiebel und den Knoblauch schälen, sehr fein würfeln und mit dem Kümmel mischen. Das Lammfleisch in 1–2 cm große Würfel schneiden.

4 In den Schmortopf die Hälfte der Lauchringe geben. Die Fleischwürfel daraufgeben, salzen, pfeffern und mit der Hälfte der Zwiebelmischung bestreuen. Möhrenscheiben sowie Paprika- und Kartoffelwürfel daraufschichten. Alles salzen und pfeffern, mit der restlichen Zwiebelmischung bestreuen und zuletzt mit dem restlichen Lauch bedecken.

5 Den Fond mit 100 ml Wasser verdünnt erhitzen und seitlich angießen. Die Zutaten müssen nicht ganz von Flüssigkeit bedeckt sein. Bei zu wenig Flüssigkeit mehr kochendes Wasser angießen. Das Lamm-Stew zugedeckt im heißen Backofen (Umluft 180°) ca. 1 Std. garen, bis die Fleischwürfel weich und die Kartoffeln gar sind.

6 Inzwischen für die Gremolata die Basilikumblätter waschen und den Knoblauch schälen. Beides fein hacken. Die Zitronenhälfte waschen und abtrocknen. Die Schale abreiben und mit Basilikum, Knoblauch, Piment d'Espelette oder Chilischrot und 1 kräftigen Prise Muskat mischen.

7 Das Lamm-Stew mit Pfeffer und Salz abschmecken und mit der Gremolata bestreut servieren.

FÜR 2 PERSONEN
Zubereitung: 30 Min.
Schmorzeit: 1 Std.

Für das Stew:
1 dickere Stange Lauch
1 Möhre
200 g vorwiegend festkochende
 Kartoffeln
1 rote Paprikaschote
1 kleine weiße Zwiebel
1 Knoblauchzehe
1/2 TL Kümmelsamen
1 dicke Scheibe Lammkeule
 ohne Knochen (ca. 350 g)
Salz | schwarzer Pfeffer
400 ml Lammfond (aus dem Glas)

Für die Gremolata:
1 Handvoll Basilikumblätter
1 kleine Knoblauchzehe
1/2 Bio-Zitrone
1 Msp. Piment d'Espelette
 oder Chilischrot
frisch geriebene Muskatnuss

Außerdem:
ofenfester Schmortopf
 mit Deckel

*Drei Mal gut für uns: Der kräftige provenzalische Eintopf
stimuliert Gaumen und Geist mit mediterranen Aromen.
Meeresfische verwöhnen den Körper mit wertvollen
Omega-3-Fettsäuren. Und das scharfe Pistou feuert mit
kräftiger Kräuterwürze und Chili die Stimmung an.*

Bouillabaisse mit Pistou

FÜR 2 PERSONEN
Zubereitung: 1 Std. 20 Min.

Für das Pistou:
1/2–1 frische rote Chilischote
1 dickes Bund Basilikum
1/2 Bund Schnittlauch
1 Knoblauchzehe
1 1/2 EL Mandelstifte
3–6 EL Olivenöl
1 EL frisch geriebener Parmesan
Salz | schwarzer Pfeffer
1/2 TL abgeriebene Bio-
  Zitronenschale

Für die Bouillabaisse:
300 g gemischte Filets von
  frischem Meeresfisch (je nach
  Angebot z. B. Seeteufel,
  Rotbarbe, Seelachs)
2–3 EL Zitronensaft
2 Msp. Safranpulver
400 ml Fischfond (aus dem Glas)
1 weiße Zwiebel
1 vollreife dicke Fleischtomate
1 Möhre | 1 dickere
mehligkochende Kartoffel
1 Knoblauchzehe
1 Fenchelknolle mit frischem Grün
2 EL Olivenöl
1 großer Schuss Pastis
  (Anisschnaps; nach Belieben*)
Salz | ca. 80 g aufgetaute
geschälte TK-Garnelen
schwarzer Pfeffer

1 Für das Pistou die Chili waschen, putzen und entkernen. Basilikum und Schnittlauch waschen und trocken schütteln. Die Basilikumblättchen abzupfen. Den Knoblauch schälen. Alles grob hacken und zusammen mit den Mandelstiften und gut 3 EL Olivenöl pürieren. Bei Bedarf mehr Öl dazugeben. Den frisch geriebenen Parmesan unterrühren. Das Pistou kräftig mit Salz, Pfeffer und abgeriebener Zitronenschale abschmecken und bis zum Servieren kühl stellen.

2 Für die Bouillabaisse die Fischfilets auf Gräten absuchen und die gefundenen mit einer Pinzette herausziehen. Die Filets mundgerecht schneiden, mit knapp 2 EL Zitronensaft beträufeln und beiseitestellen. Den Safran in den Fischfond rühren.

3 Die Zwiebel schälen und würfeln. Die Tomate überbrühen, häuten und ohne Stielansatz und Kerne klein würfeln. Möhre und Kartoffel schälen und ebenfalls klein würfeln. Knoblauch schälen und hacken.

4 Den Fenchel waschen und putzen. Zartes Grün nach Belieben fein hacken und ins Pistou rühren. Die Knolle halbieren und den Strunk keilförmig herausschneiden. Den Fenchel würfeln.

5 In einem Schmortopf im Olivenöl die Zwiebel- und Knoblauchwürfel glasig dünsten. Fenchel, Möhren und Kartoffeln dazugeben und 3–5 Min. mitdünsten. Nach Belieben 1 kleinen Schuss Pastis dazugießen und vollständig verdampfen lassen. Den Safran-Fond angießen. Alles aufkochen und bei mittlerer Hitze zugedeckt 12–15 Min. köcheln lassen, bis die Kartoffeln knapp weich sind.

6 Die Tomaten in die Suppe geben und alles knapp 5 Min. weitergaren. Die Fischwürfel leicht salzen, in die Suppe geben und je nach Dicke bei sehr kleiner Hitze 3–5 Min. ziehen lassen. Dann die Garnelen abspülen, dazugeben und in weiteren 2–4 Min. gar ziehen lassen.

7 Die Bouillabaisse mit restlichem Pastis und/oder Zitronensaft, Salz und Pfeffer abschmecken und mit Pistou und Baguette servieren.

Kartoffeln und Gemüse:
Buntes gegen den Blues

Kürbisorange, Tomatenrot, Rote-Bete-Lila:
Ein ganzer Regenbogen an Gemüsesorten
auf dem Teller bereitet dem Stimmungs-
grau ein schnelles Ende.

Wenn Kartoffeln nur lange genug in Sahne baden dürfen, entsteht ein Gericht, das weit mehr ist als die Summe seiner Teile: cremig, würzig, zum Reinsetzen gut – und viel zu schade als Beilage zu Fleisch. Hier darf das Gratin in der Hauptrolle brillieren!

Kartoffelgratin

FÜR 2 PERSONEN
Zubereitung: 20 Min.
Backzeit: 55 Min.

1 Knoblauchzehe
200 g Sahne
Salz | schwarzer Pfeffer
frisch geriebene Muskatnuss
500 g Kartoffeln (am besten
  vorwiegend festkochende
  oder mehligkochende)

Außerdem:
Auflaufform (ca. 20 × 25 cm groß)
Butter für die Form

1 Die Knoblauchzehe schälen und vierteln. Die Sahne und den Knoblauch in einen kleinen Topf geben und aufkochen. Mit Salz, Pfeffer und Muskat würzig abschmecken und vom Herd nehmen.

2 Den Backofen (außer bei Umluft) auf 180° vorheizen. Die Auflaufform mit Butter einfetten. Die Kartoffeln schälen, in sehr feine Scheiben schneiden oder hobeln und flach in die Form legen.

3 Die warme Würzsahne über die Kartoffelscheiben gießen. Den Knoblauch herausnehmen und wegwerfen.

4 Das Gratin im heißen Backofen (Mitte; Umluft 160°) 45–55 Min. garen, bis die Kartoffelscheiben weich sind (mit einem spitzen Messer prüfen). Das Gratin herausnehmen und ca. 10 Min. ruhen lassen, dann servieren, am besten mit einem grünen Salat.

VARIANTE: JANSSONS VERSUCHUNG
Die Schweden lieben diese besonders würzige Variante des klassischen Kartoffelgratins: 100 g Zwiebeln schälen und in Ringe schneiden, diese in einer Pfanne in 1 EL Butter bei kleiner Hitze in ca. 7 Min. goldgelb und glasig dünsten. 500 g Kartoffeln schälen und in dünne Scheiben oder streichholzdünne Stifte hobeln. 1 Dose Appetitsild (90 g Inhalt, Fischspezialitäten-Kühlregal; eingelegte Sardellen sind ungeeignet!) abgießen, dabei 1 EL vom Sud auffangen. Kartoffeln und Fische mischen und in eine gefettete Auflaufform geben. 200 g Sahne mit Fischsud, Salz und Pfeffer mischen und darübergießen. Den Auflauf mit 100 g Semmelbröseln bestreuen und bei 180° (Mitte; Umluft 160°) 45–55 Min. im heißen Ofen backen, bis die Kartoffeln weich sind.

Kartoffeln und Quark

Das ist einmal Soulfood im allerbesten Sinn: Dank einer geradezu idealen Eiweißkombination lässt dieses Dream-Team jeden Ernährungswissenschaftler begeistert applaudieren. Und unsere eigene Stimmung steigt ebenfalls, weil Kartoffeln und Quark nach Mamas Küche, Geborgenheit und Zuhause schmecken. Das Wohltäterduo lässt sich je nach Lust, Laune und Jahreszeit beliebig abwandeln und gelingt einfach immer und ohne Probleme – auch in stressigen Zeiten. Und ist selbst in Bio-Version viel billiger als jeder Rettungsschirm, hilft aber wunderbar über eine kleine Finanzkrise hinweg.

Varianten

FRÜHLINGSFRISCH
Grüner Quark

1 hart gekochtes Ei (Größe M) pellen und halbieren. Eigelb herauslösen und in einen Rührbecher geben. 1 Bund gemischte »Kräuter für grüne Sauce« waschen und trocken schütteln. Blätter abzupfen, grob hacken und zum Eigelb geben. Alles zusammen mit 100 g Crème fraîche fein pürieren. Das Eiweiß fein hacken und in eine Rührschüssel geben. Mit 250 g Magerquark und der Kräutersahne mit dem elektrischen Handrührer gut verrühren. Den Quark mit Salz, Pfeffer und 1 Spritzer Zitronensaft abschmecken.

ZÜNFTIG
Paprika-Topfen

In einer Pfanne ohne Fett 1/2 TL Kümmelsamen anrösten, dann grob zerstoßen und in einer Schüssel mit 250 g Sahnetopfen, 1 TL Tomatenmark und 50 g weicher Butter verrühren. 1 kleine rote Spitzpaprikaschote waschen, putzen und sehr fein würfeln. 1 Frühlingszwiebel putzen, waschen und fein schneiden. Beides unter den Topfenmix rühren. Alles mit Salz, Pfeffer und Paprikapulver abschmecken. Nach Belieben 1 winziges Stück frische rote Chili hauchfein hacken und unterrühren.

Pellkartoffeln mit Schnittlauchquark
viel geliebtes Duett

FÜR 2 PERSONEN
Zubereitung: 35 Min.

500 g kleine neue Kartoffeln
Salz | 1 Msp. Kümmelsamen
250 g Magerquark
2 EL Crème fraîche | 1 TL Dijon-Senf
1 Bund Schnittlauch
schwarzer Pfeffer
1 Msp. abgeriebene Bio-Zitronenschale (nach Belieben)

1 Die Kartoffeln waschen und dabei kräftig abbürsten. In einem kleinen Topf knapp mit kaltem Wasser bedecken und mit Salz und Kümmel bei mittlerer Hitze zugedeckt in 20–30 Min. gar kochen.

2 Inzwischen in einer Schüssel Quark, Crème fraîche und Senf glatt verrühren. Den Schnittlauch waschen, trocken schütteln, in feine Röllchen schneiden und in den Quark rühren. Mit Salz, Pfeffer und nach Belieben Zitronenschale abschmecken.

3 Die gegarten Kartoffeln abgießen, etwas ausdampfen lassen und mit dem Schnittlauchquark servieren.

MEDITERRAN
Ofenkartoffeln mit Tomaten-Basilikum-Creme

Für die Kartoffeln den Backofen (außer bei Umluft) auf 200° vorheizen. Eine ofenfeste Form mit 2 EL Olivenöl auspinseln und mit 1 EL grobem Meersalz, Pfeffer und 1 TL getrockneten Kräutern der Provence ausstreuen. 600 g kleine neue Kartoffeln waschen und abbürsten, halbieren und mit den Schnittflächen nach unten in die Form setzen. Die Kartoffeln im heißen Backofen (Mitte; Umluft 180°) in ca. 30 Min. garen.
Inzwischen in einer kleinen Schüssel 250 g Quark (20 % Fett) mit 2 EL Ziegenfrischkäse glatt rühren.

1 kleine Knoblauchzehe schälen und dazupressen. 1 Handvoll Basilikumblätter in feine Streifen schneiden. 3–4 getrocknete Tomaten (in Öl) abtropfen lassen und klein hacken. Knoblauch, Basilikum und Tomaten unter den Quark rühren. In einer Pfanne ohne Fett 1 EL Pinienkerne anrösten, dann etwas abkühlen lassen und unter den Quark rühren. Alles mit Salz, Pfeffer und nach Belieben 1 Msp. abgeriebener Bio-Orangenschale abschmecken und zu den Kartoffeln servieren.

Gnocchi mit Gorgonzola-Creme und karamellisierten Walnüssen

FÜR 2 PERSONEN
Garzeit (Kartoffeln): 30 Min.
(+ Abkühlzeit)
Zubereitung: 40 Min.

Für die Gnocchi:
400 g mehligkochende Kartoffeln
Salz | 1 Eigelb (Größe S)
60–70 g Mehl
50 g Hartweizengrieß
Salz | schwarzer Pfeffer
frisch geriebene Muskatnuss

*Für die Gorgonzola-Creme
und die Walnüsse:*
2 dicke Frühlingszwiebeln
1/2 Bund Basilikum
1 kleine Tomate
1 1/2 EL Butter
1 Schuss Weißwein
  (ersatzweise Apfelsaft)
150 g Sahne
80 g Gorgonzola
1 TL abgeriebene Bio-
  Zitronenschale
Salz | grob gemahlener
schwarzer Pfeffer
1 TL Puderzucker
2 EL Walnusskerne

Außerdem:
Mehl zum Arbeiten

1 Für die Gnocchi die Kartoffeln in sprudelndem Salzwasser je nach Größe in 25–30 Min. weich kochen. Abgießen und leicht abkühlen lassen.

2 Inzwischen für die Creme die Frühlingszwiebeln putzen, waschen und sehr fein schneiden, etwas vom Grün beiseitelegen. Basilikum waschen und trocken schütteln. Die Blättchen abzupfen und in feine Streifen schneiden. Die Tomate waschen und ohne Stielansatz sehr klein würfeln.

3 Die Kartoffeln pellen und durch die Kartoffelpresse in eine Schüssel drücken oder gut zerstampfen. Den Kartoffelbrei mit Eigelb, knapp 60 g Mehl, Hartweizengrieß, 1/2 TL Salz sowie je 1 kräftigen Prise Pfeffer und Muskat verkneten. Ist der Teig zu klebrig, noch etwas Mehl unterkneten. Auf wenig Mehl den Teig zu daumendicken Rollen formen, diese in 1–2 cm große Stücke schneiden. Mit einer angefeuchteten Gabel Rillen in die Teigstücke drücken.

4 In einem großen Topf reichlich Wasser aufkochen und salzen, die Gnocchi hineingeben. Die Hitze sofort reduzieren und die Gnocchi bei kleinster Hitze oder neben dem Herd in 8–10 Min. gar ziehen lassen, bis sie an die Oberfläche steigen.

5 Inzwischen in einem kleinen Topf 1 EL Butter erhitzen. Die Frühlingszwiebeln darin bei kleiner Hitze glasig dünsten. Den Weißwein und die Sahne angießen und bei starker Hitze leicht cremig einkochen. Den Gorgonzola zerkleinern und mit einem Schneebesen darunterrühren. Sauce erneut aufkochen, mit Zitronenschale und dem rohen Frühlingszwiebelgrün mischen und mit Salz und reichlich Pfeffer abschmecken.

6 Die Gnocchi mit einem Schaumlöffel aus dem Wasser heben, sofort unter die Gorgonzolasauce mischen und darin ziehen lassen. Das Basilikum (bis auf einen kleinen Rest) und die Tomatenwürfel unterrühren und in der Sauce heiß werden lassen.

7 In einem Pfännchen die restliche Butter zusammen mit dem Puderzucker erhitzen. Die Walnusskerne grob hacken und darin karamellisieren.

8 Die Gnocchi mit Sauce auf Teller verteilen, mit den Walnüssen bestreuen, mit dem restlichem Basilikum garnieren und servieren. Dazu passt ein gemischter Blattsalat.

Kartoffelbrei

Löffel für Löffel ein wenig gelassener

Wann haben wir eigentlich aufgehört, von »Kartoffelbrei« zu sprechen? Wann sind wir umgestiegen auf den vermeintlich feineren Begriff »Püree«, der mit seinem französischen Klang so chic daherkommt? Irgendwann müssen wir das Bedürfnis verspürt haben, den geliebten Pamp durch den neuen Begriff zu einer Nobel-Beilage aufzuwerten. Wer heute kulinarisches Verständnis demonstrieren will, wer erkennen lassen möchte, dass er Muskelkraft zum Zermusen echter Kartoffeln einsetzt und nicht etwa nur Tütenflocken in Wasser rührt, der hat sogar ein zweites Mal den Namen gewechselt und spricht jetzt der Mode folgend von »Kartoffelstampf«.

Beruhigende Schlichtheit

Aber manchmal ist und bleibt Kartoffelbrei einfach Kartoffelbrei. Es gibt Augenblicke, in denen wir uns nach Kinderglück und Löffelfreuden sehnen, in denen sich sanfter Brei gleichsam wärmend um die alltagsgeschundene Seele legen soll. Dann gibt uns dieser alte Kindheitsliebling etwas, das kein noch so exotisches Curry, kein perfekt gebratenes Steak und kein sommerliches mediterranes Gericht vermag: ein beruhigendes Streicheln auf der Zunge. Das Leben ist aufregend genug; deshalb darf es manchmal wenigstens auf dem Teller unaufgeregt zugehen. Die einen meditieren, um Gelassenheit zu finden, die anderen kochen sich einen Topf Kartoffelbrei. Und manche tun sogar beides.
Wer nun allerdings die Mischung aus Kartoffeln, Milch, Butter, Salz und höchstens noch einem Hauch Muskatnuss der gepflegten Langeweile verdächtigt, der hat womöglich bisher nur Fix-fertig-Tütenpüree kennen-

gelernt. Das mag mit seiner klebrigen Konsistenz zwar dazu taugen, zwischen Fleisch und Gemüse Saucendämme zu bauen – das Zeug zum Solodarsteller auf dem Teller hat es nicht.

Je kartoffeliger, desto besser

Für den wahren Seelentröster gehören echte Kartoffeln in den Topf, und zwar möglichst aromatische. Der Geschmack ist die Hauptsache, die Kocheigenschaften sind demgegenüber zweitrangig. Ob festkochend, vorwiegend festkochend oder mehligkochend: Nahezu jede Kartoffel lässt sich dazu bringen, willig zu zerfallen und ihre stärkereichen inneren Werte preiszugeben. Das ist nur eine Frage der Kochzeit. Na gut, neue Kartoffeln eignen sich tatsächlich nicht besonders; sie haben in ihrem allzu kurzen Ackerleben einfach nicht genug Stärke gebildet. Den Rest besorgt jedenfalls der gute, alte Kartoffelstampfer, wahlweise die Kartoffelpresse. Manche schwören sogar auf die Quirle des elektrischen Handrührers fürs Zermusen der gekochten Knollen. Aber stört nicht allein schon das Motorengeräusch die Ruhe, die sich beim Breikochen ausbreitet?

Stampfen ohne Stecker

Was gar nicht geht: der Pürierstab. Seine scharfen Messer zerhacken die Stärkekörner und produzieren etwas, das überraschend viel Ähnlichkeit mit Kleister hat. (Auch dieses Gericht hat seinen Platz im Küchenuniversum und wird von manchen Feinschmeckern mit viel, viel Olivenöl als besondere Delikatesse geschätzt. Aber das ist eine andere Geschichte, und die handelt nicht von Kartoffelbrei.) Haben die Kartoffeln erst einmal ihre feste Form eingebüßt, werden sie mit Milch und Butter zu cremiger Sanftheit gerührt. Und wenn dann der Löffel die erste Höhle in das hellgelbe, dampfende Breigebirge gräbt, dann breitet sich, vom Magen ausgehend, tröstliche Ruhe in unserem Innern aus: Denn Kartoffelbrei, das ist Konzentration auf das Wesentliche.

Auch pur und direkt aus dem Topf gelöffelt hat Kartoffelbrei einen ewigen Platz in unserem Herzen. Süßsäuerliche Apfelzwiebeln steigern noch den Wohlfühlfaktor. Einige behaupten sogar, gebratene Blutwurst hebe die Kombination in den kulinarischen Himmel. Aber das ist Geschmackssache.

Kartoffelbrei mit Apfelzwiebeln

FÜR 2 PERSONEN
Zubereitung: 40 Min.

Für den Kartoffelbrei:
800 g Kartoffeln (siehe
   vorige Doppelseite)
Salz | 200 ml Milch
2 EL Butter
schwarzer Pfeffer
frisch geriebene Muskatnuss

Für die Apfelzwiebeln:
1 säuerlicher Apfel
1 große Zwiebel
1 EL Butter

Außerdem:
Topf mit Deckel
   und Dämpfeinsatz

1 Für den Brei die Kartoffeln schälen und je nach Größe halbieren oder vierteln. In einen Topf ca. 3 cm hoch Wasser füllen und den Dämpfeinsatz einsetzen. Die Kartoffeln hineingeben, salzen und aufkochen. Bei kleiner Hitze zugedeckt in ca. 20 Min. gar dämpfen; den Deckel möglichst zwischendurch nicht anheben. Wer keinen Dämpfeinsatz besitzt, kann die Kartoffeln natürlich in Salzwasser kochen – gedämpft sind sie aber besonders aromatisch. Während der Garzeit die Milch erhitzen.

2 Für die Apfelzwiebeln den Apfel waschen und nach Belieben schälen, dann halbieren und vom Kerngehäuse befreien, das Fruchtfleisch in Spalten schneiden. Die Zwiebel schälen und in Ringe schneiden.

3 In einer kleinen Pfanne die Butter erhitzen, Apfel und Zwiebeln darin bei kleiner Hitze in ca. 10 Min. weich dünsten.

4 Den Gargrad der Kartoffeln mit einem spitzen Messer prüfen: Spüren Sie beim Einstechen fast keinen Widerstand mehr, sind sie weich genug. Dann den Dämpfeinsatz herausnehmen und das Wasser ausgießen.

5 Die Kartoffeln in den Topf zurückgeben, die heiße Milch und die Butter dazugeben und alles mit einem Kartoffelstampfer fein zerstampfen. Mit Salz, Pfeffer und Muskat abschmecken, mit den Apfelzwiebeln anrichten.

VARIANTE: ALIGOT DE L'AUBRAC
Für müde Pilger kochte man ursprünglich diese üppige französische Kartoffelbrei-Variante. Dafür 600 g Kartoffeln schälen, salzen, in einem Topf mit Dämpfeinsatz über etwas Wasser in ca. 20 Min. gar dämpfen. 200 g würzigen Käse (z. B. Tomme d'Auvergne) reiben. Die Kartoffeln mit 50 ml Milch fein zerstampfen. 2 Knoblauchzehen schälen und durch die Presse dazudrücken. 2 EL Crème fraîche und den Reibekäse unterrühren, bis die Masse Fäden zieht. Falls ein Rest übrig bleibt: Glück gehabt! Er ist ein wunderbarer Aufstrich für herzhaftes Krustenbrot.

Käse ist einfach nicht zu schlagen, wenn es darum geht, Gemüse in ein Gericht zu verwandeln, nach dem man sich noch Stunden später die Finger leckt. Bei diesem italienischen Lieblingsessen spielen gleich zwei zusammen: weicher Mozzarella und würziger Parmesan.

Parmigiana di Melanzane

FÜR 2 PERSONEN
Zubereitung: 50 Min.
Backzeit: 20 Min.

2 Auberginen (ca. 450 g)
Salz | 2 Knoblauchzehen
5–7 EL Olivenöl
2 Dosen stückige Tomaten
  (à 400 g)
schwarzer Pfeffer
1 Prise Zucker
200 g Mozzarella
50 g Parmesan am Stück
2 Stängel Basilikum

Außerdem:
kleine Auflaufform
Olivenöl für die Form

1 Die Auberginen waschen, putzen und in ca. 0,5 cm dicke Scheiben schneiden. Diese beidseitig salzen und ca. 10 Min. Wasser ziehen lassen.

2 Inzwischen für die Sauce die Knoblauchzehen schälen, fein hacken und in einem kleinen Topf in 1 EL Olivenöl bei mittlerer Hitze ca. 1 Min. anbraten. Dann die stückigen Tomaten dazugeben. Mit Salz, Pfeffer und Zucker würzen, aufkochen und die Tomatensauce offen bei mittlerer Hitze ca. 20 Min. einkochen.

3 Inzwischen die Auberginenscheiben trocken tupfen. In einer weiten Pfanne bei mittlerer Hitze die Auberginen in je 2 EL Olivenöl portionsweise in 3–4 Min. je Seite goldbraun braten. Den Backofen (außer bei Umluft) auf 180° vorheizen.

4 Die Auflaufform einölen. Den Mozzarella in dünne Scheiben schneiden, den Parmesan fein reiben. Eine Lage Auberginen in die Form geben, etwas Tomatensauce daraufgeben und einige Scheiben Mozzarella darauflegen. So fortfahren, bis alle Zutaten verarbeitet sind. Mit Tomatensauce abschließen und diese mit dem Parmesan bestreuen. Das Ganze im heißen Backofen (Mitte; Umluft 160°) ca. 20 Min. backen.

5 Den Auflauf aus dem Ofen nehmen und lauwarm oder kalt werden lassen. Kurz vor dem Servieren das Basilikum waschen und trocken schütteln, die Blättchen etwas zerzupfen und auf die Parmigiana streuen.

OB WARM, OB KALT
Die Parmigiana schmeckt am besten lauwarm oder als kaltes Antipasto, eignet sich also bestens für ausgeschlafenes Vorkochen.

Wenn sich der Winter nass und kalt hinzieht und wir uns nach dem ersten Grün des Frühlings sehnen, kommt dieses Gericht gerade recht, um uns mit den ewigen Wurzeln und Knollen der lichtarmen Jahreszeit zu versöhnen – zumal der fruchtige Dip Sonnenschein auf den Tisch bringt!

Winter-Ofengemüse mit Paprika-Mango-Dip

1 Den Backofen (außer bei Umluft) auf 200° vorheizen. Ein Backblech einölen. Die Roten Beten, Pastinaken und Möhren putzen und schälen (siehe Tipp Seite 57). Die Roten Beten vierteln, die Pastinaken und Möhren je nach Größe längs halbieren oder vierteln. Das Kürbisstück waschen und in mundgerechte Stücke schneiden.

2 Das zerkleinerte Gemüse in eine Schüssel geben und gründlich mit dem Öl, dem Koriander und 1 TL Salz mischen. Alles auf das Backblech geben und im heißen Backofen (Mitte; Umluft 180°) 45–55 Min. backen, bis das Gemüse weich ist.

3 Inzwischen für den Dip die Paprikaschote waschen, halbieren und putzen. Die Hälften mit dem Öl einpinseln, dann in den Backofen auf die Gemüsemischung setzen und ca. 40 Min. mitbacken.

4 Die Paprikahälften aus dem Ofen nehmen, etwas abkühlen lassen, mitsamt Schale grob zerkleinern und in einen Rührbecher geben.

5 Die Mango schälen, das Fruchtfleisch vom Kern schneiden und mit in den Rührbecher geben. Joghurt, Zitronensaft und Currypulver dazugeben und alles mit dem Pürierstab glatt pürieren. Den Dip mit Salz und Cayennepfeffer abschmecken.

6 Das Ofengemüse auf Teller verteilen und mit dem Dip servieren.

FÜR 2 PERSONEN
Zubereitung: 25 Min.
Backzeit: 55 Min.

Für das Ofengemüse:
2 Rote Beten
2 Pastinaken
2 große Möhren
300 g Hokkaidokürbis
   (geputzt gewogen)
2 EL neutrales Pflanzenöl
1 TL gemahlener Koriander
Salz

Für den Dip:
1 rote Paprikaschote
1 TL neutrales Pflanzenöl
1/2 reife Mango
150 g griechischer Joghurt
1 TL Zitronensaft
1/2 TL Currypulver (Madras)
Salz | Cayennepfeffer

Außerdem:
Öl für das Blech

Auberginen sind erste Gemüsewahl für die Wohlfühlküche, weil sie sich perfekt mit warmen Gewürzen verbinden und beim Schmoren so wunderbar zum Löffeln weich werden. Kichererbsen steuern hier den bissfesten Kontrast bei.

Auberginen-Curry mit Kichererbsen

FÜR 2 PERSONEN
Wasserziehen: 30 Min.
Zubereitung: 30 Min.

2 Auberginen (ca. 500 g) | Salz
1 kleines Stück frischer Ingwer
   (ca. 1 cm)
1 Knoblauchzehe
5 EL neutrales Pflanzenöl
1 TL braune Senfkörner
je 1 TL gemahlener Kreuzkümmel
   (Cumin) und gemahlene Kurkuma
   (Gelbwurz)
1/2 TL gemahlener Koriander
1 Prise Cayennepfeffer
   (+ mehr zum Abschmecken)
1 Dose stückige Tomaten (400 g)
1/2 Bund Koriandergrün
   (nach Belieben)
1 kleine Dose Kichererbsen
   (Abtropfgewicht 240 g)
Zucker
200 g Joghurt

1 Die Auberginen waschen, die Stielansätze abschneiden und das Fruchtfleisch in ca. 2 cm große Würfel schneiden. Diese in ein Sieb geben, mit Salz vermischen und ca. 30 Min. Wasser ziehen lassen.

2 Den Ingwer und die Knoblauchzehe schälen und fein hacken. Die Auberginenwürfel mit Küchenpapier trocken tupfen und in zwei Portionen in einer weiten, hochwandigen Pfanne in je 2 EL Öl bei mittlerer Hitze rundum je ca. 5 Min. anbraten, dann herausnehmen.

3 In der Pfanne den übrigen EL Öl erhitzen und bei mittlerer Hitze die Senfkörner darin ca. 30 Sek. rösten, bis sie zu hüpfen anfangen. Gehackten Ingwer und Knoblauch dazugeben und unter Rühren kurz mitbraten.

4 Die Auberginenwürfel, die restlichen Gewürze, die stückigen Tomaten und 100 ml Wasser mit in die Pfanne geben und umrühren. Alles aufkochen und bei kleinster Hitze zugedeckt ca. 20 Min. köcheln lassen.

5 Inzwischen, falls verwendet, das Koriandergrün waschen und trocken schütteln, die Blättchen abzupfen.

6 Die Kichererbsen abgießen, mit ins Curry geben und darin ca. 3 Min. erhitzen. Das Curry mit Salz, Zucker und Cayennepfeffer abschmecken.

7 Die Pfanne vom Herd ziehen und den Joghurt unterrühren. Sofort mit den Korianderblättchen bestreut servieren. Dazu schmeckt Basmatireis.

GEWÜRZETAUSCH
Wenn Sie die verwendeten Gewürze nicht extra anschaffen möchten, gehen Sie den einfachen Weg: Anstelle der einzelnen gemahlenen Gewürze können Sie 1 1/2 EL Currypulver z. B. der Sorte Madras verwenden.

Frische Gewürzpower schlägt Winterblues: Das bunte Gemüse vertreibt graue Gedanken und Alltagsmüdigkeit. Ingwer, Chili und Zitronengras bringen uns in Schwung und körpereigene Glückshormone auf Trab.

Winter-Curry mit Erdnuss-Topping

FÜR 2 PERSONEN
Zubereitung: 30 Min.

1 frische rote Chilischote
1 Stängel Zitronengras
1 walnussgroßes Stück
  frischer Ingwer
1 Möhre
1 kleiner Brokkoli
1 rote Spitzpaprikaschote
1 Staude Chicorée
1 Handvoll frische Shiitake-Pilze
2 EL Öl
100 g Mungobohnensprossen
1 Dose Kokosmilch (400 ml)
2–3 EL Sojasauce
1–2 TL rote Currypaste
  (Asienladen)
2 EL gesalzene geröstete
  Erdnusskerne
1–2 Spritzer Limettensaft
1/2 TL brauner Zucker

1 Die Chilischote waschen, nach Belieben entkernen, putzen und fein würfeln. Das Zitronengras waschen, äußere Blätter eventuell entfernen, den Stängel längs halbieren. Den Ingwer schälen und fein hacken.

2 Die Möhre schälen und schräg in Scheiben hobeln. Brokkoli waschen, putzen und in sehr kleine Röschen teilen. Den dicken Stiel schälen und in winzige Würfel schneiden. Spitzpaprika waschen, halbieren, putzen und in nicht zu dünne Streifen schneiden.

3 Den Chicorée waschen, den Strunk abschneiden. Die Staude in Blätter teilen und diese in Streifen schneiden. Die Pilze abreiben, Stiele entfernen, die Hüte in Streifen schneiden.

4 In einer Pfanne oder einem Wok das Öl erhitzen. Chili und Ingwer darin anbraten. Brokkoliröschen und -würfel unterrühren und ca. 2 Min. mitbraten. Dann nacheinander Möhre, Chicorée, Shiitake-Pilze und Paprika dazugeben und jeweils unter Rühren knapp 1 Min. anbraten. Alles 1–3 Min. weiterbraten, dabei ständig mit einer Wokschaufel oder einem Pfannenwender wenden. Zum Schluss die Sprossen unterrühren.

5 Bei starker Hitze die Kokosmilch zum Gemüse geben. Den Zitronengrasstängel, 1 EL Sojasauce und die Currypaste dazugeben. Sauce aufkochen und etwas einköcheln. Erdnusskerne grob hacken. Das Zitronengras entfernen. Das Curry mit Limettensaft, Zucker und Sojasauce abschmecken und mit den Erdnüssen bestreut servieren. Dazu passt Basmatireis.

KEINE LUST AUF BROKKOLI?
Das Gemüse lässt sich ganz nach Vorliebe und Jahreszeit variieren. Statt Brokkoli können Sie 150 g Zuckerschoten nehmen. Statt Chicorée schmeckt Lauch oder Spitzkohl. Und wer Zucchini mag, schnippelt die mit ins Curry.

Für den Noteinsatz in Sachen Seelentrost mogeln wir schamlos: Baked Beans ganz ohne Einweichen und Vorkochen – Dosenbohnen tun's dafür auch.

Baked Beans

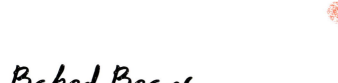

1 Den Backofen (außer bei Umluft) auf 180° vorheizen. Die Zwiebel und den Ingwer schälen und in feine Würfel schneiden.

2 In einem nicht zu kleinen Topf das Öl erhitzen und darin Zwiebel- und Ingwerwürfel bei kleiner Hitze ca. 3 Min. anschwitzen.

3 Die Bohnen in ein Sieb abgießen und zusammen mit den passierten Tomaten, dem Essig und den Gewürzen mit in den Topf geben. Den Sirup einrühren und alles aufkochen.

4 Die Form einölen und den Topfinhalt hineingeben. Die Baked Beans im heißen Backofen (Mitte; Umluft 160°) ca. 1 Std. backen und heiß servieren.

FÜR 2 PERSONEN
Zubereitung: 20 Min.
Backzeit: 1 Std.

1 kleine Zwiebel
1 kleines Stück frischer
   Ingwer (ca. 1 cm)
1 EL neutrales Pflanzenöl
1 große Dose weiße Bohnen
   (480 g Abtropfgewicht)
400 g passierte Tomaten (Tetrapak)
2 EL Apfelessig | Salz
2 Gewürznelken | 2 Lorbeerblätter
1 Prise Cayennepfeffer
2 EL Rübensirup (ersatzweise
   dunkler Ahornsirup)

Außerdem:
kleine ofenfeste Form
Öl für die Form

DANN ODER WANN, SO ODER SO, MIT ODER OHNE
Baked Beans gehören in England zum üppigen (Sonntags-)Frühstück.
Sie sind aber auch eine wunderbar wärmende Hauptmahlzeit: mit einem
Spiegelei und/oder gebratenem Frühstücksspeck (Bacon), einfach auf
Toast oder – eher unbritisch – zu Kartoffelbrei.

*Dick, cremig und glänzend, dabei ohne Konservierungs-
stoffe, aber mit vielen guten Fettsäuren aus pflanzlichem
Öl ausgestattet – selbst gemachte Aïoli ist Seelenfutter pur!
Und als Vorwand dafür gibt's knusprige Wedges, frisch
aus dem Ofen. Einfach unwiderstehlich!*

Rosmarin-Chili-Wedges mit Aïoli

FÜR 2 PERSONEN
Zubereitung: 40 Min.
Backzeit: 55 Min.

Für die Wedges:
500 g dickere festkochende
   Kartoffeln, am besten neue
2 Zweige Rosmarin
3 EL Olivenöl
1/2 TL Chilischrot
grobes Meersalz

Für die Aïoli:
1 zimmerwarmes frisches Eigelb
(Größe M oder L) | Salz
je 1 TL Zitronensaft und abgeriebene Bio-Zitronenschale
2–3 Knoblauchzehen
100 ml zimmerwarmes mildes
   Olivenöl oder Sonnenblumenöl
1–2 EL Crème fraîche
   (nach Belieben)
schwarzer Pfeffer

1 Für die Wedges den Backofen (außer bei Umluft) auf 220° vorheizen. Kartoffeln waschen, unter fließendem Wasser gründlich abbürsten und abtrocknen. Ältere Kartoffeln mit Keimaugen oder grünen Stellen schälen. Knollen längs halbieren, die Hälften längs dritteln.

2 Den Rosmarin waschen und trocken schütteln. 1 Zweig grob zerklei- nern, vom anderen die Nadeln abstreifen und sehr fein hacken.

3 Die Wedges gut mit dem Olivenöl, dem gehackten Rosmarin und dem Chilischrot vermischen, dann mit der Schale (runde Seite) nach unten auf ein Backblech oder in eine große, flache Form setzen. Die Wedges im heißen Backofen (Mitte; Umluft 200°) in 30–35 Min. goldbraun backen, nach ca. 15 Min. den restlichen Rosmarin dazugeben.

4 Inzwischen für die Aïoli (siehe auch Tipp Seite 42) das Eigelb mit knapp 1 TL Salz und 1 Spritzer Zitronensaft in einen Rührbecher geben. Den Knoblauch schälen und dazupressen. Mit dem Schneebesen oder elektrischen Handrührer zuerst tropfenweise, dann in dünnem Strahl das Öl darunterschlagen, bis eine cremige Mayonnaise entstanden ist. Diese nach Belieben mit Crème fraîche glatt rühren und mit Salz, Pfeffer und eventuell noch etwas Zitronensaft und -schale abschmecken.

5 Sehen die Wedges nach der Backzeit zu blass aus, 1–2 Min. mit dem Backofengrill bräunen. Aus dem Ofen nehmen und in einer Schüssel mit 1 TL Meersalz mischen. Wedges sofort mit der Aïoli servieren, z. B. auf Pappschälchen oder in einer Tüte aus Pergamentpapier (siehe Tipp).

FAST-FOOD-TRICK FÜR ABSPÜLGEGNER
*Ein quadratisches Stück Back- oder Pergamentpapier diagonal zum
Dreieck falten und an einer offenen Seite ein paar Mal fest umfalzen,
so dass eine Tüte entsteht.*

Süßes signalisiert dem Gehirn: Iss, denn es macht dich satt und zufrieden. Wie gut, dass auch Gemüse süß sein kann! Zum Beispiel die Schalotten in dieser kopfüber gebackenen Tarte, die sanft in karamellisierendem Zucker schmurgeln.

Schalotten-Tarte-Tatin

FÜR 2 PERSONEN
Zubereitung: 30 Min.
Kühlen: 1 Std.
Backzeit: 30 Min.

Für den Mürbeteig:
150 g Mehl
1/2 TL Salz
75 g kalte Butter
1 Ei (Größe M)

Für den Belag:
300 g Schalotten
5 Zweige Thymian
2 EL Butter
1–2 EL Zucker
  (je nach gewünschter Süße)
4 EL Aceto balsamico
1/2 TL Salz
100 g Schafskäse
  (Feta; nach Belieben)

Außerdem:
ofenfeste Pfanne
  (Ø 24–26 cm)
Mehl zum Arbeiten

1 Für den Mürbeteig Mehl und Salz mischen. Die kalte Butter in Stückchen dazugeben und alles mit den Fingern krümelig verarbeiten. Das Ei dazugeben und die Mischung rasch zum Teig verkneten. Ist er zu krümelig, 1–2 EL kaltes Wasser unterkneten. Den Teig zu einer Kugel formen, diese etwas flach drücken und zugedeckt ca. 1 Std. kühl stellen.

2 Die Schalotten schälen und längs halbieren. Den Thymian waschen und trocken schütteln, die Blättchen von den Zweigen streifen. Den Ofen (außer bei Umluft) auf 200° vorheizen. In der ofenfesten Pfanne bei mittlerer Hitze die Butter zerlassen, Zucker, Thymian bis auf einen Rest, Essig und Salz einrühren. Die Schalotten dazugeben, in der Buttermischung wenden und nebeneinander mit der Schnittfläche nach unten auf dem Pfannenboden verteilen. Alles bei mittlerer Hitze in ca. 3 Min. heiß werden lassen, dann vom Herd nehmen.

3 Den Teig auf wenig Mehl etwa auf Pfannengröße ausrollen, in die Pfanne legen und auf den Schalotten leicht andrücken. Überstehenden Teig abschneiden. (Der Teig braucht nicht perfekt mit dem Pfannenrand abzuschließen; der Dampf soll am Rand entweichen können.) Die Tarte im heißen Backofen (Mitte; Umluft 180°) ca. 30 Min. backen, bis die Teigoberfläche gebräunt ist. Herausnehmen und auf eine Platte stürzen. Wer den Kontrast von süß und salzig liebt, krümelt Schafskäse darüber. Mit restlichem Thymian garnieren, lauwarm servieren.

FORMSACHE
Statt der ofenfesten Pfanne können Sie eine Springform (Ø 24–26 cm) benutzen. Erhitzen Sie Butter, Zucker, Essig und Salz in einem kleinen Topf, geben Sie die Mischung auf den Boden der Form, streuen Sie den Thymian darüber und legen Sie die Schalotten und den Teig darauf.

BLITZVARIANTE FÜR KNETMUFFEL
Statt des Mürbeteigs können Sie 4 quadratische Platten TK-Blätterteig (ca. 180 g) verwenden: Auf der Arbeitsfläche antauen lassen, leicht überlappend nebeneinanderlegen und etwa auf Pfannengröße ausrollen (Ecken abschneiden). Die Backzeit beträgt dann nur ca. 20 Min.

Ein kleiner Seelenwärmer aus dem Vorrat: Lässt sich spontan zaubern, sieht toll aus und schmeckt einfach mmmh ...

Mini-Spinat-Gratin auf Blätterteig

1 Die Blätterteigplatten nebeneinander auf die Arbeitsfläche legen und ca. 10 Min. antauen lassen. Den Ofen auf 200° (Umluft 180°) vorheizen.

2 Die Förmchen großzügig mit Butter fetten und mit dem Teig auskleiden; er soll am Rand etwas überstehen. Zwei Stücke Backpapier etwa auf Förmchengröße zuschneiden, jeweils auf den Teig legen und mit den Hülsenfrüchten beschweren.

3 Den Teig im heißen Backofen (Mitte) ca. 8 Min. »blind backen«. Die Tartelettes aus dem Ofen nehmen und beiseitestellen. Das Papier und die Hülsenfrüchte entfernen.

4 Für den Belag die Knoblauchzehe und die Schalotte schälen und sehr fein hacken. Die restliche Butter in einen Topf geben und erhitzen. Knoblauch und die Schalotten darin glasig andünsten.

5 Den tiefgefrorenen Spinat zusammen mit der Sahne und dem Brühpulver mit in den Topf geben und offen bei kleiner bis mittlerer Hitze in ca. 10 Min. auftauen; dabei ab und zu wenden, umrühren und die Flüssigkeit vollständig verdampfen lassen. Den Spinat mit Muskat, Salz und Pfeffer würzig abschmecken.

6 Den Spinat auf die Tartelettes verteilen. Den Käse in kleine Würfel schneiden. Diese zusammen mit den Pinienkernen auf den Spinat streuen. Den Spinat im heißen Backofen (Mitte) in 6–8 Min. gratinieren.

7 Die fertigen Gratins aus dem Backofen nehmen und mit Pfeffer übermahlen, dann vorsichtig mit einer Palette aus den Förmchen auf Teller heben oder in den Förmchen servieren.

FÜR 2 PERSONEN
Zubereitung: 45 Min.

2 quadratische Platten
 TK-Blätterteig (à 45 g)
1 Knoblauchzehe
1 Schalotte
250 g TK-Spinat (z. B. Blattspinat)
50 g Sahne
1 TL gekörnte Gemüsebrühpulver
frisch geriebene Muskatnuss
Salz | schwarzer Pfeffer
50 g Ziegenkäse (z. B. Ziegenbutterkäse oder -gouda)
1 EL Pinienkerne

Außerdem:
2 ofenfeste flache Förmchen
 (Ø ca. 12 cm)
3 EL Butter
Backpapier
getrocknete Hülsenfrüchte
 zum Blindbacken

Nudeln, Reis & Co.:
die Satt- und Glücklichmacher

Ein großer Teller dampfende Pasta, cremiger Risotto oder fluffige Knödel: Wer denkt bei »Wohlfühlessen« nicht sofort an diese Lieblingsgerichte? Hier spenden Kohlenhydrate reichlich Energie und gute Laune!

Üppiger Italo-Klassiker, den man selbst in müden Momenten hinkriegt: »Spaghetti nach Köhler-Art« liefern Power, auch für die Seele. Pfeffer und eine kräftige Prise Muskat heben die Stimmung.

Spaghetti Carbonara

1 In einem großen Topf reichlich Wasser aufkochen und salzen. Inzwischen den Speck, falls nötig, von Schwarte und Knorpeln befreien, dann in sehr kleine Würfel schneiden. Die Knoblauchzehe schälen und ebenfalls sehr klein würfeln.

2 Die Petersilie waschen und trocken schütteln. Die Blättchen abzupfen und fein hacken. Den Parmesan in eine kleine Schüssel reiben, knapp die Hälfte davon abnehmen und zum Servieren beiseitestellen.

3 Die Spaghetti im kochenden Salzwasser nach Packungsangabe bissfest garen. Inzwischen in einer beschichteten Pfanne die Butter erhitzen. Die Speckwürfel darin bei starker Hitze knusprig braten und dabei etwas auslassen. Die Knoblauchwürfel und die Petersilie dazugeben und kurz mitbraten, dann die Pfanne vom Herd nehmen.

4 Den Parmesan in der Schüssel mit den Eiern und der Sahne, reichlich Pfeffer und 1 kräftigen Prise Muskat verrühren. Vorsichtig salzen; die Pancetta und Parmesan sind salzig.

5 Die Nudeln in ein Sieb abgießen, abtropfen lassen und sofort in der noch warmen, aber nicht mehr heißen Pfanne kurz mit der Speck-Mischung und den verrührten Eiern mischen.

6 Die Spaghetti Carbonara sofort in der Pfanne servieren und den restlichen Parmesan dazu reichen. Dazu passt ein Tomatensalat.

FÜR 2 PERSONEN
Zubereitung: 30 Min.

Salz
80 g Pancetta (luftgetrockneter
  italienischer Bauchspeck)
1 Knoblauchzehe
1/2 Bund glatte Petersilie
50 g Parmesan am Stück
250 g Spaghetti
1 EL Butter
2 sehr frische Eier
  (Größe S oder M)
2 EL Sahne
schwarzer Pfeffer
frisch geriebene Muskatnuss

Nudeln und Tomaten

Was für ein Glück für die Pasta, dass sie die Tomate hat! Denn so solide und sätti- gend ein dampfender Berg Nudeln daherkommt – ganz blank und weißgelb hat er abgesehen von seiner vornehmen Blässe wenig… nun ja: Aufregendes. Tomaten bringen nicht nur Farbe ins Spiel, sondern auch ein wenig Süße, ein bisschen Säure und eine satte Portion »umami«, den fünften Geschmack, den wir mit der Zunge wahrnehmen und der signalisiert: »Mmmh, mehr davon!« Das haben sich vermut- lich die Italiener auch gedacht, als sie die Pasta zum ersten Mal mit Salsa di pomo- doro vermählten. Übrigens eine späte Hochzeit, denn erst im 19. Jahrhundert wurde der exotische Goldapfel (pomo d'oro) zur Nudelbegleitung erkoren. Und seitdem können wir kaum genug kriegen von diesem Traumduo. Hauptsache, die Tomaten schmecken aromatisch. Im Winter sind gute Dosentomaten meist die bessere Wahl.

Varianten

CREMIG MIT KICK
Pfeffrige Tomatensauce

Die Sauce wie im Grundrezept Seite 107 beschrieben zubereiten und dicklich einkochen. Zum Schluss 8–10 eingelegte grüne Pfefferkörner hacken und zusam- men mit 150 g Ricotta unter die Toma- tensauce rühren. Diese helle, cremige Variante schmeckt am besten zu Fusilli, Orecchiette oder anderen Nudeln, die viel Sauce aufnehmen können.

TOMATEN VON IHRER SÜSSESTEN SEITE
Nudelsalat mit Ofentomaten

Den Backofen auf 150° (Umluft 140°) vorheizen. 500 g Kirschtomaten waschen, halbieren und salzen. Die Hälften mit der Schnittfläche nach oben im heißen Ofen (Mitte) ca. 1 Std. backen. 150 g Farfalle nach Packungsangabe bissfest garen, abgießen, gut kalt abschrecken. 1 kleine Knolle Fenchel waschen, putzen, vierteln und dünn hobeln. 3 Stängel Dill waschen, Spitzen und Fenchelgrün fein hacken. Je 2 EL Aceto balsamico bianco und Olivenöl, Salz und Pfeffer ver- rühren und mit allem anderen mischen. Mit Kapern- äpfeln garnieren, lauwarm oder kalt servieren.

Spaghetti Pomodoro
für mehr Aroma lange gekocht

FÜR 2 PERSONEN
Zubereitung: 20 Min.
Garzeit: 40 Min.

2 Knoblauchzehen
1 Möhre
1 Stange Staudensellerie
1 Zwiebel
500 g reife, aromatische Tomaten
2 EL Olivenöl
2 EL Tomatenmark
1 getrocknete Chilischote
  (nach Belieben)
3 Zweige Thymian
2 Lorbeerblätter | Salz
250 g Spaghetti
3 Stängel Basilikum
schwarzer Pfeffer | 1/2 TL Zucker

1 Knoblauch schälen, Möhre schälen und putzen, Sellerie putzen und waschen, Zwiebel schälen. Alles fein würfeln. Die Tomaten waschen, halbieren und ohne Stielansätze grob würfeln.

2 In einem Topf das Olivenöl erhitzen. Darin bei mittlerer bis starker Hitze Knoblauch, Möhre, Sellerie und Zwiebeln unter Rühren in 3–5 Min. hellbraun anrösten. Tomatenmark dazugeben und ca. 1 Min. mitrösten. Mit 150 ml Wasser ablöschen und Tomaten, Chilischote (nach Belieben), Thymian und Lorbeer dazugeben. Alles bei kleiner Hitze zugedeckt ca. 40 Min. köcheln lassen.

3 In einem großen Topf in reichlich kochendem Salzwasser die Spaghetti nach Packungsangabe bissfest garen. Basilikum waschen und trocken schütteln, die Blättchen grob zerzupfen.

4 Die Sauce durch ein Sieb passieren und nach Belieben etwas einkochen, mit Salz, Pfeffer und Zucker abschmecken. Die Spaghetti abgießen und mit der Sauce mischen. Mit Basilikum bestreut servieren.

NUDELN AUF RISOTTO-ART
Fideos tostados

2 Stängel Koriander oder glatte Petersilie waschen und gut trocken schütteln, die Blättchen abzupfen. 2 reife, aromatische Fleischtomaten waschen, halbieren und ohne Stielansätze grob würfeln. In einer weiten Pfanne ohne Fett bei mittlerer Hitze 50 g Mandelstifte und 250 g Fadennudeln (Fideos) ca. 10 Min. unter Rühren anrösten, bis sie schön hellbraun sind und nussig duften. Sofort die Tomatenwürfel, 600 ml Hühner- oder Gemüsebrühe (Instant) und 1 Prise Cayennepfeffer dazugeben und alles bei mittlerer Hitze ca. 7 Min. weitergaren, dabei häufig umrühren. Die Fideos tostados sind fertig, wenn die Flüssigkeit vollständig aufgesaugt ist. Alles mit Salz und Cayennepfeffer oder Piment d'Espelette abschmecken. Die Nudelmischung auf zwei Teller verteilen, mit etwas gutem Olivenöl beträufeln und mit den Kräutern bestreuen.

Fleischgenuss für besondere Tage: wild, würzig & wunderbar.
Zugegeben: Das Wildschweinragout braucht Zeit,
aber es belohnt Sie für Ihre Geduld mit einer herrlichen Sauce.

Pappardelle mit Wildschweinragout

1 Das Fleisch trocken tupfen, 3–4 cm groß würfeln und in eine Schüssel geben. Pfeffer und Wacholder grob zerstoßen und auf das Fleisch streuen. Die Kräuter waschen und trocken schütteln. Die Nadeln und Blättchen abstreifen, grob hacken und mit der Orangenschale mischen. Die Hälfte der Mischung und 1 EL Olivenöl zum Fleisch geben, den Rest beiseitestellen. 200 ml Rotwein zum Fleisch gießen, alles umrühren und das Fleisch 3 Std. oder länger marinieren.

2 Schalotten und Knoblauch schälen. Möhre schälen, Staudensellerie waschen und beides putzen. Alles Gemüse klein würfeln. Die Pilze abreiben und putzen, je nach Größe vierteln oder halbieren.

3 Das Fleisch aus der Marinade nehmen und mit Küchenpapier gut trocken tupfen. In einem Schmortopf bei starker Hitze in jeweils 1 EL Öl das Fleisch in zwei Portionen je 3–5 Min. rundum anbraten, dann herausnehmen und mit Salz und Pfeffer würzen.

4 Die Egerlinge im Bratfett in 2–3 Min. leicht bräunen, dann herausnehmen und beiseitestellen. Zuletzt das gewürfelte Gemüse im Schmortopf bei starker Hitze anrösten. Fleisch dazugeben, Marinade durch ein Sieb dazugießen – es soll zischen. Gut 100 ml Fond oder Brühe angießen, alles aufkochen, dann bei kleiner Hitze zugedeckt gut 2 Std. 15 Min. sanft schmoren, dabei nach und nach den restlichen Fond angießen; nicht anbrennen lassen.

5 Das Fleisch mit einer Gabel aus der Sauce nehmen. Diese durch ein Sieb passieren und zurück in den Topf geben. Das Fleisch und die Pilze dazugeben, den restlichen Wein angießen, alles aufkochen und bei kleiner Hitze 15–25 Min. offen oder, falls schon viel Flüssigkeit verdampft ist, zugedeckt weiterschmoren.

6 Währenddessen reichlich Wasser aufkochen und salzen. Die Pappardelle darin nach Packungsangabe bissfest garen. Das Wildschweinragout mit Honig, Portwein oder Cassis, Salz und Pfeffer abschmecken. Die Butter flöckchenweise einrühren und die Sauce binden. Die Nudeln abgießen. Das Wildschweinragout mit der beiseitegestellten Kräutermischung bestreuen und mit den Pappardelle servieren.

FÜR 2 PERSONEN
Zubereitung: 1 Std.
Marinieren: mindestens 3 Std.
Schmorzeit: 2 Std. 45 Min.

500 g Wildschweinkeule
  (ohne Knochen)
je 1/2 TL schwarze Pfefferkörner
  und Wacholderbeeren
je 2 Zweige Rosmarin und Thymian
abgeriebene Schale von
  1/2 Bio-Orange
3 EL Olivenöl
250 ml trockener Rotwein
  (ersatzweise Holundersaft)
4 Schalotten
1 Knoblauchzehe
1 Möhre
1 Stange Staudensellerie
200 g frische Egerlinge
Salz | schwarzer Pfeffer
200 ml Wildfond
  (aus dem Glas; ersatzweise
  Instant-Fleischbrühe)
250 g Pappardelle
1 TL Honig
1 Schuss Portwein oder Cassis
  (nach Belieben)
2–3 EL eiskalte Butter

Die üppigen Älpler-Makkaroni beglücken hungrige ebenso wie faule Köche, und zwar nicht nur auf der Almhütte, sondern auch in den Niederungen des Lebens und bei Laune unter Normalnull. Denn die Nudeln in sahniger Käsesauce werden schnell und unkompliziert in einem einzigen Topf zubereitet.

Älpler-Makkaroni

FÜR 2 PERSONEN
Zubereitung: 30 Min.

1 weiße Zwiebel
1 kleine festkochende Kartoffel
1 Möhre
2 EL Butter
250 g kurze Makkaroni oder
   Pennette
500 ml Gemüsebrühe (Instant)
1 Schuss Kirschwasser oder
   Obstler (nach Belieben)
80–100 g Greyerzer oder
   anderer Bergkäse
200 g Sahne
Salz | schwarzer Pfeffer
frisch geriebene Muskatnuss

1 Die Zwiebel und die Kartoffel schälen, die Möhre schälen und putzen. Alles in kleine Würfel schneiden.

2 Die Butter in einem größeren Schmortopf zerlassen. Darin bei mittlerer Hitze die Zwiebel-, Möhren- und Kartoffelwürfel in 3–5 Min. nicht zu dunkel anbraten.

3 Die rohen Nudeln unter das Gemüse rühren, dann die Brühe und nach Belieben Kirschwasser oder Obstler dazugießen. Alles aufkochen und bei kleiner Hitze offen je nach Packungsangabe der Nudeln ca. 10 Min. köcheln lassen, dabei ab und zu umrühren.

4 Inzwischen den Käse reiben. Nach ca. 10 Min. Garzeit sollten die Flüssigkeit fast ganz verkocht, die Kartoffelwürfel gar und die Nudeln bissfest sein. Ist es so weit, die Sahne und so viel geriebenen Käse unterrühren, dass eine sämige Käsesauce entsteht.

5 Die Älpler-Makkaroni mit Salz, Pfeffer und Muskat kräftig abschmecken und sofort auf Tellern servieren, z. B. wie auf der Skihütte mit 1 Klecks Apfelmus (Rezept siehe Tipp). Übrigen Käse dazu reichen.

DAZU APFELMUS – WARM ODER KALT
Für 2 große Portionen 400 g Äpfel (z. B. Boskoop) waschen, schälen und vierteln. Das Fruchtfleisch ohne Kerngehäuse grob würfeln, dann mit 2 TL Zitronensaft, 1–2 EL Wasser, 1 Prise Zimtpulver und 1–2 EL Zucker bei kleiner Hitze zugedeckt in ca. 15 Min. so weich dünsten, dass sie zerfallen. Falls Ihnen die herzhaft-süße Liaison von Nudel und Apfel zu gewagt ist: Zu den Nudeln passt sehr gut ein grüner Salat.

Pasta ist gut. Pasta mit Bolognese ist besser. Und Pastaplatten mit Bolognese unter schmelzendem Käse – die sind das großartigste Seelen-Kraftfutter, das Italiens Küche hervorgebracht hat!

Lasagne al Forno

1 Für die Fleischsauce die Zwiebel und die Knoblauchzehe schälen und fein würfeln. Die Sardellen kalt abspülen und fein hacken. Die Möhre schälen und putzen, die Selleriestange waschen, beides sehr klein schneiden. Den Rosmarin waschen und trocken schütteln, die Nadeln abstreifen und fein hacken.

2 In einer weiten Pfanne das Olivenöl erhitzen, Zwiebeln, Knoblauch und Sardellen darin bei mittlerer Hitze ca. 3 Min. anbraten. Das Hackfleisch dazugeben und in 3–5 Min. krümelig braten. Das Tomatenmark dazugeben und ca. 1 Min. mitbraten. Das Ganze mit dem Rotwein (falls verwendet) ablöschen, dann Gemüse, Rosmarin, Dosentomaten, Salz und Pfeffer hinzufügen. Alles aufkochen und die Fleischsauce bei kleinster Hitze zugedeckt ca. 20 Min. köcheln lassen.

3 Inzwischen für die Béchamelsauce in einem kleinen Topf die Butter zerlassen. Das Mehl mit dem Schneebesen einrühren und gelb werden lassen. Die Milch dazugießen, die Sauce salzen und pfeffern und unter Rühren aufkochen. Sobald die Sauce dick wird, auf kleinste Hitze stellen und offen ca. 10 Min. köcheln lassen, dabei gelegentlich umrühren.

4 Den Backofen (außer bei Umluft) auf 200° vorheizen. Den Parmesan reiben. Sowohl die Fleischsauce als auch die Béchamelsauce mit Salz und Pfeffer abschmecken.

5 Die Auflaufform fetten. Etwas Béchamelsauce auf dem Boden der Form verteilen, darauf abwechselnd Nudelplatten, Fleischsauce und Béchamelsauce schichten, bis alle Zutaten verarbeitet sind. Mit Béchamelsauce abschließen und die Lasagne mit dem Parmesan bestreuen.

6 Die Lasagne im heißen Ofen (Mitte; Umluft 180°) ca. 40 Min. backen. Vor dem Anschneiden ca. 10 Min. ruhen lassen.

FÜR 2 PERSONEN
Zubereitung: 45 Min.
Backzeit: 40 Min.

Für die Fleischsauce:
1 Zwiebel
1 Knoblauchzehe
2 Sardellenfilets in Salz
   (aus dem Glas)
1 Möhre
1 Stange Staudensellerie
1 Zweig Rosmarin
2 EL Olivenöl
200 g Rinderhackfleisch
2 EL Tomatenmark
50 ml trockener Rotwein
   (nach Belieben)
1 Dose stückige Tomaten (400 g)
Salz | schwarzer Pfeffer

Für die Béchamelsauce:
2 EL Butter | 2 EL Mehl
1/2 l Milch
Salz | schwarzer Pfeffer

Außerdem:
50 g Parmesan am Stück
Auflaufform (ca. 25 × 20 cm groß)
Butter für die Form
9 Lasagneplatten
   (ohne Vorkochen; ca. 160 g)

Ein nobler Sattmacher! Das Einzige, was hier fehlt, ist der Küchenstress, denn Fisch und Sauce sind im Handumdrehen fertig. Da müssen sich nur die Nudeln beeilen, um pünktlich al dente zu sein. Und dann labt sich die Seele an den Omega-3-Fettsäuren, die der Bio-Lachs großzügig mitbringt …

Lachs-Tagliatelle mit Kräuter-Limetten-Rahm

FÜR 2 PERSONEN
Zubereitung: 30 Min.

1 Bio-Limette
1 Schalotte
1/2 kleine grüne frische
  Chilischote
200 g Bio-Lachsfilet
Salz
1/2 Bund Schnittlauch
je 2–3 Stängel glatte Petersilie
  und Minze
1 EL Butter
250 g Tagliatelle
200 g Sahne
100 ml Fischfond
  (aus dem Glas) oder
  Gemüsebrühe (Instant)
1 Schuss Wermut (nach
  Belieben; z. B. Noilly Prat)
grob gemahlener
  schwarzer Pfeffer

1 Für die Tagliatelle in einem großen Topf reichlich Wasser aufkochen. Inzwischen die Limette waschen und abtrocknen. Die Schale abreiben, den Saft auspressen. Die Schalotte schälen und in sehr feine Würfel schneiden. Die Chilischote waschen, putzen, entkernen und fein hacken.

2 Das Lachsfilet waschen, trocken tupfen, in Würfel schneiden, mit 1 EL Limettensaft beträufeln und salzen. Die Kräuter waschen und trocken schütteln, Blätter fein hacken. In einem breiten Topf die Butter erhitzen. Schalotten und Chili darin bei kleiner bis mittlerer Hitze glasig dünsten.

3 Das Nudelwasser salzen und die Tagliatelle darin nach Packungsangabe bissfest garen. Währenddessen die Sahne, 2 EL Limettensaft und Fischfond oder Brühe und nach Belieben 1 Schuss Wermut zur Schalottenmischung gießen und alles bei starker Hitze cremig einkochen.

4 Die Kräuter bis auf einen kleinen Rest in die Sauce rühren. Diese vom Herd nehmen und den Fisch darin in ca. 1 Min. knapp gar ziehen lassen.

5 Die Nudeln in ein Sieb abgießen und auf die Teller verteilen. Die Sauce mit Salz und 1–2 Msp. Limettenschale abschmecken und auf die Tagliatelle geben. Schwarzen Pfeffer grob darübermahlen, alles mit den restlichen Kräutern bestreuen und servieren.

BESCHLEUNIGER AUS DEM EIS
Ideal für spontane Genießer: Die Nudeln gelingen auch mit TK-Kräutern und TK-Lachs. Diesen abgedeckt 2–3 Std. bei Zimmertemperatur auftauen lassen, dann wie oben beschrieben verwenden.

Kasnocken - mit langem »Aah!« - nennt der Hüttenwirt in Österreich, was nach einer frostigen Schneewanderung oder nach dem Skifahren Leib und Seele üppig erwärmt. Die Spätzle helfen auch in den Tälern des Alltags und selbst dann, wenn nur die Laune unter Null fällt.

Käsespätzle

FÜR 2 PERSONEN
Zubereitung: 35 Min.
Backzeit: 10 Min.

300 g Mehl
Salz | 4 Eier (Größe M)
250 g Zwiebeln
200 g Appenzeller oder Bergkäse
2 EL Butter
schwarzer Pfeffer
1/2 Bund Schnittlauch

Außerdem
kleine ofenfeste Form
Butter für die Form

1 In einer Schüssel das Mehl mit 1/2 TL Salz, Eiern und 100 ml kaltem Wasser zu einem zähen Teig verrühren. Falls nötig, noch 1–2 EL Wasser zugeben. Den Teig ca. 15 Min. ruhen lassen.

2 Inzwischen die Zwiebeln schälen und in Ringe schneiden, den Käse reiben. Die Form mit etwas Butter fetten. In einem großen Topf reichlich Wasser aufkochen und salzen.

3 In einer kleinen Pfanne die restliche Butter zerlassen und die Zwiebelringe darin bei kleiner Hitze in ca. 10 Min. goldgelb, aber nicht braun werden lassen.

4 Den Backofen auf 150° (Umluft 130°) vorheizen. Den Teig durch eine Spätzlepresse oder mit einem Spätzlehobel portionsweise ins kochende Wasser geben. Sobald sie an die Oberfläche steigen, die Spätzle mit einem Schaumlöffel herausnehmen und in einem Sieb abtropfen lassen. Auf diese Weise den ganzen Teig verarbeiten.

5 Die Spätzle, die Zwiebelringe und den Käse abwechselnd in die Form schichten, jede Lage pfeffern und alles im heißen Backofen (Mitte) ca. 10 Min. backen, bis der Käse geschmolzen ist.

6 Inzwischen den Schnittlauch waschen, trocken schütteln und in Röllchen schneiden. Die fertigen Käsespätzle damit bestreuen und sofort servieren. Dazu schmeckt ein frischer Blattsalat (siehe Tipp).

BLATTSALAT MIT VINAIGRETTE
Schlicht soll er sein, der Salat zu den üppigen Spätzle: einfach grüne Blätter mit säuerlichem Dressing. Klassischer Kopfsalat, herber Romana oder der feine Feldsalat eignen sich am besten, dazu vielleicht etwas bitterer Radicchio oder Löwenzahn. Die Vinaigrette ist schnell fertig: 1 TL mittelscharfen Senf mit 1 1/2 EL Weißwein- oder Estragonessig, 3 EL Olivenöl und 1 Prise Zucker in einem Schraubglas cremig schütteln. Das Dressing salzen und pfeffern und kurz vor dem Servieren mit dem Salat vermischen.

Malfatti, also »schlecht gemacht«, heißen diese Klößchen in ihrer italienischen Heimat, was sich garantiert nicht auf den Geschmack bezieht, sondern auf die unregelmäßige Form. Und die passt prima für Comfortfood, denn wir setzen auf innere Werte und pfeifen auf die Geometrie.

Spinatnocken

FÜR 2 PERSONEN
Auftauen: 2 Std.
Zubereitung: 30 Min.

200 g TK-Blattspinat
Salz
1/2 Bund Basilikum
100 g Parmesan am Stück
100 g Ricotta
2 Eier (Größe M)
100 g Mehl
schwarzer Pfeffer
2 EL Butter

Außerdem
1–2 EL Mehl zum Binden
  (bei Bedarf)

1 Den Spinat in ca. 2 Std. auftauen lassen. Dann in ein Tuch geben, die Ecken miteinander verdrehen und möglichst viel Flüssigkeit auspressen. Den Spinat grob hacken und in eine Rührschüssel geben.

2 In einem weiten Topf reichlich Wasser aufkochen und salzen. Inzwischen das Basilikum waschen und sehr gut trocken schütteln, die Blättchen abzupfen und grob hacken.

3 Den Parmesan fein reiben und die Hälfte davon zum Spinat geben. Beides mit gehacktem Basilikum, Ricotta, Eiern und dem Mehl gründlich vermischen. Die Masse mit Salz und Pfeffer würzig abschmecken.

4 Mit zwei Esslöffeln vom Spinatteig einen Probenocken abstechen und ins kochende Salzwasser geben. Zerfällt er, noch 1–2 EL Mehl in den Teig kneten. Den fertigen Teig mit den Esslöffeln Nocken für Nocken ins Salzwasser geben. Die Hitze reduzieren, sodass das Wasser nicht sprudelt, sondern nur noch simmert. Die Nocken darin bei kleinster Hitze offen ca. 15 Min. ziehen lassen, bis sie aufschwimmen.

5 Die fertigen Nocken mit einem Schaumlöffel aus dem Wasser heben und in einem Sieb abtropfen lassen. In einem Pfännchen die Butter bei mittlerer Hitze schmelzen und braun werden lassen.

6 Die Nocken auf die Teller verteilen, mit der braunen Butter übergießen und mit dem restlichen Parmesan bestreuen. Dazu schmeckt ein knackig frischer Rohkostsalat.

Von den Anfängen ihrer Karriere als sparsame Verwertung von Altbrot haben sich Semmelknödel längst entfernt. Heute lassen wir Brötchen eigens alt werden, damit es bald wieder Semmelknödel gibt!

Semmelknödel mit Pilzragout

1 Die Milch erhitzen. Die Brötchen in kleine Würfel schneiden, in eine Schüssel geben und mit der Milch übergießen. Gut mischen und ca. 10 Min. ziehen lassen. Inzwischen die Petersilie waschen und gründlich trocken schütteln, die Blättchen abzupfen und fein hacken. Die Zwiebel schälen und fein würfeln.

2 In einer weiten Pfanne die Butter zerlassen und die Zwiebelwürfel darin bei mittlerer Hitze in ca. 3 Min. glasig dünsten, dann zusammen mit der gehackten Petersilie und dem Ei zur Brötchenmischung geben und alles mit den Händen zu einem geschmeidigen Teig verkneten; falls er zu weich ist, etwas Mehl dazugeben. Die Masse mit Salz, Pfeffer und Muskat würzig abschmecken.

3 Für das Pilzragout die Pilze, falls nötig, trocken abreiben (keinesfalls waschen!) und ohne die Stielenden (bei Shiitakepilzen die Stiele komplett entfernen) je nach Größe in Scheiben oder Viertel schneiden. Die Frühlingszwiebeln putzen und waschen, das Weiße und das Grüne getrennt in Ringe schneiden.

4 Für die Knödel in einem Topf reichlich Wasser aufkochen und salzen. Aus dem Semmelteig vier Knödel formen, diese ins Wasser geben und bei kleiner Hitze ca. 15 Min. garen. Das Wasser soll nicht sprudeln, sondern sich nur ganz sanft bewegen.

5 Inzwischen in der Pfanne die Butter zerlassen und darin die weißen Frühlingszwiebelringe bei mittlerer Hitze ca. 3 Min. anbraten. Die Pilze dazugeben und bei starker Hitze ca. 5 Min. unter Rühren mitbraten. Alles mit Gemüsebrühe und Sahne ablöschen und bei mittlerer Hitze offen ca. 5 Min. einkochen. Mit Salz und Pfeffer abschmecken.

6 Die fertigen Knödel mit einem Schaumlöffel aus dem Wasser heben. Falls das Pilzragout zu flüssig ist, das Mehl mit etwas kaltem Wasser anrühren, zum Ragout geben und dieses unter Rühren kurz aufkochen. Das rohe Frühlingszwiebelgrün unterheben. Das Ragout mit den Knödeln servieren.

FÜR 2 PERSONEN
Zubereitung: 1 Std.

Für die Semmelknödel:
200 ml Milch
4 Brötchen vom Vortag
1/2 Bund glatte Petersilie
1 kleine Zwiebel
1 TL Butter
1 Ei (Größe M)
1–2 EL Mehl (bei Bedarf)
Salz | schwarzer Pfeffer
frisch geriebene Muskatnuss

Für das Pilzragout:
400 g gemischte frische Pilze
    (Champignons, Shiitake, Austern-
    seitlinge, Kräuterseitlinge)
1/2 Bund Frühlingszwiebeln
1 EL Butter
100 ml Gemüsebrühe (Instant)
100 g Sahne
Salz | schwarzer Pfeffer
1 TL Mehl (bei Bedarf)

Risotto

Ein Spiel, das einfach glücklich macht

Risottokochen ist keine Arbeit. Es ist ein Spiel, das uns entspannt und mit einem schönen Gewinn beglückt. Wie jedes Spiel fordert Risotto-kochen Konzentration. Der schlotzig-cremige Seelentröster aus der Po-Ebene lässt sich nicht vorbereiten und aufwärmen oder mal eben mit links zusammenrühren. Ein guter Risotto braucht eine halbe Stunde lang unsere volle Zuwendung, damit er perfekt gelingt: nicht zu flüssig, nicht matschig und – um Himmelswillen! – nicht zu fest.

Variabel mit festen Regeln

Für Kreativität bleibt jede Menge Spielraum: Risotto lässt sich 365 Mal im Jahr variieren. Doch ob wir im Herbst einen Risotto mit aromatischen Pilzen (siehe Rezept auf Seite 125) zelebrieren, im Frühjahr grünen Spargel und frische Kräuter unterrühren, im Frühsommer frisch gepalte Erbsen nehmen oder ob wir einfach den safrangelben Klassiker aus Mailand rühren wollen – die Grundzutaten sind immer gleich: Zualler-erst gefragt ist guter Risottoreis. Die besten Sorten heißen Carnaroli und Vialone nano, aber auch aus Arborio lässt sich ein anständiger Risotto zaubern. Außerdem brauchen wir Flüssigkeit, mit der sich die Stärke verbinden und der Reis vollsaugen kann. Gemüsebrühe passt immer, für viele Risotti ideal ist selbst gekochte Hühnerbrühe (siehe Rezept Seite 64), die wir nach Laune mit getrockneten Pilzen, Safranfäden oder Lieblingsgewürzen aromatisieren können. Unbedingt braucht es

Butter oder gutes Olivenöl, in dem die Reiskörner baden können, und einen Schuss Säure, die reizvolle Spannung ins Spiel bringt und letztendlich für Harmonie sorgt. Wer keinen Wein nehmen möchte, schmeckt den Risotto zum Schluss mit Bio-Zitronenschale und Zitronensaft ab.

Entspannter Spielverlauf

Ist alles bereitgestellt, können wir starten: Eine Zwiebel oder Schalotte würfeln und im Fett glasig dünsten. Nun den Risottoreis einrühren, bis jedes Körnchen hell und durchscheinend ist und appetitlich glänzt. Nun beginnt das meditative Spiel am Herd: gießen, rühren, rühren, gießen, rühren, rühren ... Nach und nach geben wir also jeweils eine kleine Kelle heiße Brühe zum Reis und dann rühren, rühren, rühren wir, bis die Reiskörner die Flüssigkeit aufgesaugt haben und sich ihre Stärkehülle cremig damit verbindet. Dann gießen und rühren wir wieder und bleiben aufmerksam. Denn der Risotto wird von Minute zu Minute sämiger, darf aber nicht trocken werden.
Halbfinale: Wenn die bereitgestellte Flüssigkeit nach zehn bis fünfzehn Minuten allmählich zur Neige geht, müssen wir unbedingt mal den Reis probieren. Denn jetzt beginnt die heiße Phase: Sind die Körnchen noch hart oder schon al dente mit einem kleinen, angenehmen Biss? Diesen Moment dürfen wir auf keinen Fall verpassen, denn dann muss der Risotto sofort runter vom Herd.
Finale: Wir rühren etwas Butter unter; wie viel »etwas« ist, darf jeder für sich entscheiden. Die Grenze nach oben ist offen – offen gesagt wird es oben immer köstlicher ... Für perfekte Konsistenz und kräftigen Geschmack mischen wir geriebenen Käse darunter. Nun alles mit Salz und Pfeffer abschmecken – fertig!
Unser Risotto fließt jetzt ganz leicht, wenn wir den Topf schräg halten. Die Körner haben noch ein wenig Biss. Und wir genießen am besten sofort unseren Gewinn.
Kein Glücksspiel, aber süchtig kann es auch machen.

Mit dem köstlichen Risotto kochen wir uns noch den trübsten Tag des Jahres schön. Am meisten erfreut es uns jedoch im Spätsommer und Herbst, wenn sich die frischen Pilze auf den Gemüsemärkten tummeln.

Pilzrisotto mit Heidelbeeren

1 In einem kleinen Topf den Gemüsefond erhitzen. Die Trockenpilze kurz in einem Sieb spülen, dann ca. 20 Min. im Gemüsefond einweichen. Inzwischen die Schalotte und die Knoblauchzehe schälen und getrennt in kleine Würfel schneiden. Die Kräuter waschen und trocken schütteln. Die Blättchen bzw. Nadeln abzupfen und fein hacken.

2 Die frischen Pilze putzen und trocken abreiben; nur Pfifferlinge kurz waschen. Pilze je nach Größe feinblättrig aufschneiden, vierteln oder halbieren. Die eingeweichten Pilze aus dem Fond nehmen und klein würfeln. Den Fond durch eine Kaffeefiltertüte oder ein feines Sieb laufen lassen.

3 In einer großen Pfanne 1 EL Öl erhitzen. Schalotten und die Hälfte des Knoblauchs darin unter Rühren glasig dünsten. Eingeweichte Pilze dazugeben. Den Reis einrühren und glasig dünsten. Knapp die Hälfte der Kräuter unterrühren. Alles bei starker Hitze kurz durchrühren, dann Wein oder Prosecco angießen und unter Rühren verdampfen lassen.

4 Den Pilzrisotto unter Rühren bei mittlerer Hitze weiterkochen und den aromatisierten Gemüsefond nach und nach dazugeben, bis das Ganze schön sämig ist, die Reiskörner aber noch etwas Biss haben. Das dauert knapp 20 Min.

5 Nach ca. 15 Min. Garzeit in einer zweiten Pfanne 1 EL Butter und restliches Öl erhitzen. Die frischen Pilze darin bei starker Hitze ca. 3 Min. braten. Den restlichen Knoblauch kurz mitbraten. Dann die Pilze mit Salz, Pfeffer und den restlichen Kräutern würzen. Falls verwendet, die Heidelbeeren kurz abbrausen und bis auf wenige dazugeben.

6 Übrige Butter und Parmesan in den Risotto rühren, ebenso bis auf einen kleinen Rest die Pilzmischung. Den Risotto mit Salz und Pfeffer abschmecken und sofort auf Teller verteilen. Mit der übrigen Pilzmischung und restlichen Heidelbeeren garnieren und alles nach Belieben mit Parmesan bestreuen. Sofort servieren.

FÜR 2 PERSONEN
Zubereitung: 50 Min.

500 ml Gemüsefond
(aus dem Glas; oder 400 ml Fond und 100 ml Wasser)
20 g getrocknete Steinpilze
1 Schalotte
1 Knoblauchzehe
2 Stängel glatte Petersilie
je 2 Zweige Rosmarin und Thymian
150 g frische Pilze (z. B. Steinpilze, Pfifferlinge, Herbsttrompeten, Kräuterseitlinge, Egerlinge und/oder Champignons)
2 EL Olivenöl
150 g Risottoreis (Carnaroli, Vialone nano oder Arborio)
1 Schuss Prosecco oder Weißwein (ersatzweise heller Traubensaft)
3 EL Butter
Salz | schwarzer Pfeffer
1 kleine Handvoll frische Heidelbeeren (nach Belieben)
ca. 20 g frisch geriebener Parmesan (nach Belieben mehr zum Bestreuen)

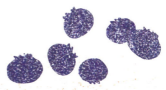

Hier darf der Reis endlich beweisen, dass er nicht weniger Potenzial zum Auflaufliebling hat als die Nudel. Das Gute an diesem großen Reisauflauf: Er schmeckt auch kalt. Idealer Picknickproviant also für Nichts-wie-weg-hier-Tage!

Reisauflauf mit Mangold

FÜR 2 PERSONEN
Zubereitung: 40 Min.
Backzeit: 40 Min.
Ruhen: 10 Min.

Salz
150 g Risottoreis (Carnaroli, Vialone nano oder Arborio)
250 g Mangold
1 Zwiebel
1 Bund Dill
50 g Walnusskerne
180 g Schafskäse (Feta)
1 EL neutrales Pflanzenöl

Für den Guss:
2 Eier (Größe M)
200 g Sahne | Salz
1/2 TL Pul biber (türkische Paprikaflocken; nach Belieben)

Außerdem:
Auflaufform (20 × 25 cm groß)
Butter für die Form

1 In einem Topf reichlich Wasser aufkochen und salzen. Den Reis darin bei kleiner Hitze ca. 10 Min. köcheln lassen; er soll danach noch etwas Biss haben.

2 Inzwischen den Mangold putzen, waschen und sehr gut trocken schütteln, die Blätter von den dicken Stielen und Rippen trennen und alles in schmale Streifen bzw. Stücke schneiden. Die Zwiebel schälen und würfeln. Den Dill waschen und trocken schütteln, die Spitzen abstreifen und hacken. Die Walnüsse grob hacken. Den Käse grob zerkrümeln.

3 Den Reis in ein Sieb abgießen und abtropfen lassen. In einer Pfanne das Öl erhitzen und die Zwiebeln darin bei mittlerer Hitze in ca. 3 Min. glasig werden lassen. Die Mangoldstiele dazugeben und ca. 3 Min. mitbraten, dann die Pfanne vom Herd nehmen. Den Backofen (außer bei Umluft) auf 180° vorheizen.

4 In einer Schüssel den Reis mit dem Pfanneninhalt, den rohen Mangoldstreifen, Dill, Walnüssen und dem Käse mischen. Die Auflaufform fetten und die Mischung hineingeben.

5 In einer kleinen Schüssel die Eier mit der Sahne und dem Pul biber verquirlen. Eiersahne mit Salz würzen und über die Reismischung gießen. Den Auflauf im heißen Ofen (Mitte; Umluft 160°) ca. 40 Min. backen. Herausnehmen und vor dem Servieren ca. 10 Min. ruhen lassen. Dazu passt ein frischer Tomatensalat.

Wohl dem, der einen Rest Reis im Kühlschrank hat, wenn plötzlicher Katzenjammer einsetzt! Denn abgekühlter gekochter Reis ist als Basis in diesem Gericht ein Muss. Ansonsten darf darin wirklich jeder Rest Gemüse aus dem Kühlschrank seinen Auftritt bekommen.

Asiatischer Bratreis

FÜR 2 PERSONEN
Zubereitung: 40 Min.

1 Stück frischer Ingwer (ca. 2 cm)
1 Knoblauchzehe
2–3 Frühlingszwiebeln
1 Möhre
100 g Zuckerschoten
  (ersatzweise grüne TK-Bohnen)
100 g Soja- oder Mungo-
  bohnensprossen
1/2 Bund Koriandergrün
  (nach Belieben)
3 Eier
1 EL Fischsauce (Asienladen)
3 EL neutrales Pflanzenöl
350 g gegarter Reis vom Vortag
  (entspricht ca. 150 g ungekoch-
  tem Reis)
Salz | 2 EL Sojasauce
1 TL Sambal Oelek
Worcestersauce (nach Belieben)

1 Den Ingwer und den Knoblauch schälen und fein hacken. Die Frühlingszwiebeln putzen und waschen, das Weiße und das Grüne getrennt in Ringe schneiden. Die Möhre schälen, putzen und streichholzdünn hobeln oder grob raspeln. Die Zuckerschoten waschen, putzen, falls nötig entfädeln, dann halbieren. Die Sprossen kalt abbrausen und gut abtropfen lassen. Das Koriandergrün, falls verwendet, waschen und trocken schütteln, die Blättchen grob hacken.

2 Die Eier mit der Fischsauce verquirlen. In einer beschichteten Pfanne 1/2 EL Öl erhitzen und die Eier darin bei mittlerer Hitze in 2–3 Min. zu einem sehr weichen Rührei braten. Herausnehmen und beiseitestellen.

3 In der Pfanne 1 weiteren EL Öl erhitzen. Gegarten Reis darin bei starker Hitze ca. 5 Min. braten, dabei mehrmals umrühren. Er sollte stellenweise goldbraun und knusprig werden. Herausnehmen und beiseitestellen.

4 In der Pfanne das restliche Öl erhitzen. Knoblauch, Ingwer und das Weiße der Frühlingszwiebeln darin bei mittlerer Hitze unter Rühren ca. 1 Min. anbraten. Möhren und Zuckerschoten dazugeben, alles salzen und weitere ca. 3 Min. rührbraten. Sojasauce und Sambal Oelek verrühren und zum Gemüse geben. Alles bei starker Hitze noch ca. 1 Min. braten, dann Rührei, Reis, Sprossen und das rohe Frühlingszwiebelgrün hinzufügen. Alles gut vermischen und kurz heiß werden lassen.

5 Zum Schluss, falls verwendet, den Koriander über den Bratreis streuen. Wer mag, würzt das fertige Gericht mit Worcestersauce.

NUR REIN MIT DEN EXTRAS
Statt Rührei – oder zusätzlich – schmecken im Bratreis beispielsweise gebratene Hühnerbruststreifen, gebratene Riesengarnelen oder in Streifen geschnittener kalter Schweinebraten. Wer den etwas speziellen Geschmack von Koriandergrün nicht mag, kann natürlich auch Petersilie über den Bratreis streuen, schließlich lautet die Devise bei diesem genialen Resteverwertungsgericht: »Alles geht, was schmeckt.«

Polenta-Plätzchen mit mediterranem Gemüse

FÜR 2 PERSONEN
Zubereitung: 30 Min.

Für die Polenta:
50 g Sahne | Salz
1/2 TL gemahlener Kardamom
1 Msp. gemahlener Koriander
frisch geriebene Muskatnuss
75 g Minuten-Polenta (Maisgrieß)
1 EL Butter | 1 EL Olivenöl
30 g Parmesan am Stück
  (nach Belieben)

Für das Gemüse:
1 Knoblauchzehe
1 Stange Lauch
je 1 kleine rote und gelbe Paprika-
schote | 1 Fenchelknolle
1 Zweig Rosmarin | 2 Salbeiblätter
3–4 EL Olivenöl | 1 TL getrockneter
Oregano | 4 getrocknete Tomaten
(in Öl) | 1/2 TL flüssiger Honig
Salz | schwarzer Pfeffer

Außerdem:
Backpapier

1 Für die Polenta in einem Topf die Sahne mit gut 1/4 l Wasser aufkochen, salzen und mit Kardamom, Koriander und 1 kräftigen Prise Muskat würzen. Die Minuten-Polenta einrühren und unter Rühren 2–3 Min. oder nach Packungsangabe zu einem Brei köcheln lassen. Polenta nochmals abschmecken. Dann auf ein Stück Backpapier geben und zu einer Rolle formen. Mit dem Papier umwickeln und etwas abkühlen lassen.

2 Inzwischen für das Gemüse den Knoblauch schälen und fein hacken. Den Lauch putzen, längs halbieren, gründlich waschen und quer in schmale Streifen schneiden. Die Paprikaschoten waschen, halbieren, putzen und klein würfeln.

3 Den Fenchel waschen und putzen. Die Knolle halbieren, den Strunk keilförmig herausschneiden. Fenchel würfeln. Die Kräuter waschen und trocken schütteln. Die Rosmarinnadeln abstreifen und zusammen mit dem Salbei hacken.

4 In einer Pfanne oder im Wok das Öl erhitzen; der Boden sollte damit bedeckt sein. Fenchel und Knoblauch darin ca. 1 Min. bei großer Hitze unter Rühren braten. Dann die Paprika dazugeben, mitbraten und dabei etwas bräunen. Zum Schluss die Lauchstreifen dazugeben und 1–2 Min. unter Rühren mitbraten. Das Gemüse sollte leicht gebräunt werden und glänzen.

5 Die Hitze reduzieren. Rosmarin, Salbei und Oregano über das Gemüse streuen. Die Tomaten abtropfen lassen, in Streifen schneiden und zum Gemüse geben. Den Honig darüberträufeln. Das Gemüse kräftig salzen und pfeffern und bei sehr kleiner Hitze 5–10 Min. nachgaren, dabei ab und zu umrühren.

6 Währenddessen die Polenta-rolle auswickeln und in fingerdicke Scheiben schneiden.

7 In einer Pfanne Butter und Öl erhitzen. Die Polenta-Plätzchen darin bei mittlerer Hitze in 2–3 Min. je Seite knusprig braten.

8 Das Gemüse abschmecken und zu den Polenta-Plätzchen servieren. Nach Belieben den Parmesan mit dem Sparschäler darüberhobeln.

DAZU PASSEN ...
... Lammkoteletts, zum Beispiel die kleinen türkischen Stielkoteletts. Für 6 kleine Koteletts die Nadeln von 1 Zweig Rosmarin hacken und mit 1/2 TL abgeriebener Bio-Zitronenschale und gut 2 EL Olivenöl verrühren. 1 Knoblauchzehe schälen und dazupressen. Das Fleisch waschen und trocken tupfen, mit dem Würzöl bepinseln und, wenn möglich, ca. 2 Std. marinieren. Dann die Koteletts salzen und in einer großen Pfanne in 2 EL Olivenöl bei mittlerer bis starker Hitze 2–3 Min. je Seite braten. Aus der Pfanne nehmen, kurz ruhen lassen, dann zu Polenta und Gemüse servieren. Abnagen und Fingerschlecken erwünscht!

Fleisch und Fisch: Stärkendes für schwache Momente

Es gibt Düfte, in die kann man sich einkuscheln wie in die Lieblingsdecke: etwa den von langsam schmorendem Fleisch, der sich allmählich verbreitet. Hier kommt ein ganzes Kapitel voller Wohlfühlduft und Mehr-davon-Geschmack!

Nein, die Schokolade macht dieses Ragout nicht zur Süßspeise – sie rundet es nur ab. Und der Hauch von Kakaoduft signalisiert dem Gehirn: Hmm, kenne ich! Macht mich glücklich!

Ochsenschwanzragout mit Schokolade

1 Den Backofen (außer bei Umluft) auf 180° vorheizen. Die Zwiebel schälen, die Möhren und den Sellerie schälen und putzen. Alles grob würfeln. Den Lauch putzen, längs halbieren und gründlich waschen, das Weiße und Hellgrüne grob zerkleinern.

2 Die Ochsenschwanzstücke kalt abspülen, trocken tupfen und salzen. In dem Bräter das Öl stark erhitzen. Das Fleisch darin bei starker Hitze in 8–10 Min. rundum bräunen, dann herausnehmen. Die Hitze reduzieren, das zerkleinerte Gemüse in den Bräter geben und bei mittlerer Hitze ca. 5 Min. anbraten, dabei gelegentlich umrühren. Mit 100 ml Rotwein ablöschen und die Flüssigkeit vollständig einkochen.

3 Das Fleisch wieder in den Bräter geben, den übrigen Rotwein, die Tomaten und 500 ml Wasser angießen und alles zugedeckt aufkochen. Den Piment im Mörser etwas andrücken. Die Thymianzweige waschen und trocken schütteln, die Blättchen abzupfen. Piment, Thymian und Orangenschale mit in den Bräter geben und alles erneut aufkochen. Das Ragout im heißen Ofen (unten; Umluft 160°) zugedeckt ca. 3 Std. garen, dabei die Stücke zwischendurch ein- bis zweimal wenden.

4 Den Bräter aus dem Backofen nehmen, die Ochsenschwanzstücke aus dem Ragout heben und zugedeckt im ausgeschalteten Ofen warm halten. Den Inhalt des Bräters in ein Sieb über einem Topf geben und abtropfen lassen, das Gemüse gut ausdrücken und wegwerfen. Von der Sauce im Topf so viel Fett wie möglich abschöpfen.

5 Die Sauce aufkochen und bei starker Hitze offen auf etwa die Hälfte einkochen. Den Topf vom Herd nehmen und die Schokolade einrühren. Die Sauce mit Salz und Pfeffer abschmecken und mit dem Fleisch servieren. Dazu passen breite Bandnudeln und Salat.

FÜR 2 PERSONEN
Zubereitung: 1 Std. 10 Min.
Backzeit: 3 Std.

1 Zwiebel
2 Möhren
200 g Knollensellerie
1 Stange Lauch
900 g Ochsenschwanz
   (vom Metzger zerteilt;
   eventuell vorbestellen)
Salz
3 EL neutrales Pflanzenöl
250 ml kräftiger Rotwein
   (ersatzweise Fleischbrühe)
400 g passierte Tomaten (Tetrapak)
2 Pimentkörner
3 Zweige Thymian
1 Stück Bio-Orangenschale
   (ca. 10 cm)
20 g dunkle Schokolade
   (mindestens 70 % Kakaoanteil)
schwarzer Pfeffer

Außerdem:
Bräter mit Deckel

Steak und Butter

Wenn auf einem perfekt gebratenen Steak ein würziges Butterflöckchen sanft zerläuft, dann ist ein müder Tag schnell vergessen. Nicht nur Cowboys lassen sich von dem starken Traumpaar liebend gern aufmuntern: Es liefert Energie und schmeckt einfach gut. Das Extra-Fett hebt den Fleischgeschmack. Und als zusätzliche Stimmungsaufheller dienen Knoblauch und Kräuter, Vanille und Chili oder Kardamom und Orange. Gipfel der genussreichen Liaison aber ist die buttrige Portweinsauce, die jedes Steak geradezu verzaubert.
Ist Ihr Rumpsteak von einer Fettschicht eingerahmt? Wunderbar! Lassen Sie sie auf jeden Fall dran. Sie schützt das Fleisch beim Braten vor dem Austrocknen, und es bleibt wunderbar saftig.

Varianten

AROMATISCH & WOHLIG-WARM
Kardamom-Orangen-Butter

In einer Pfanne ohne Fett 2 grüne Kardamomkapseln anrösten. Die Kapseln aufbrechen, die Samen herauslösen und im Mörser fein zerstoßen. 1/2 Bio-Orange heiß waschen und abtrocknen. 1/2 TL von der Schale abreiben, 1 TL Saft auspressen. 50 g weiche Butter mit Orangensaft, Kardamom, Orangenschale und Salz glatt rühren. Die Butter abschmecken, wie im Hauptrezept kühl stellen und zu den Steaks servieren.

FEURIG & RAFFINIERT
Chili-Vanille-Butter

1 Bio-Limette heiß waschen und abtrocknen, 1/2 TL von der Schale abreiben und mit 50 g weicher Butter und 1 kräftigen Prise Salz glatt rühren. 1/4 Vanilleschote aufschlitzen und das Mark herauskratzen. 1/2 getrocknete Chilischote putzen, je nach gewünschter Schärfe entkernen, dann in einem Mörser zerstoßen oder fein zerkrümeln. Vanillemark und Chili unter die Butter rühren. Diese wie im Hauptrezept beschrieben kühl stellen und zu den Steaks servieren.

Rumpsteak mit Kräuterbutter
Liebling aus dem Bistro

FÜR 2 PERSONEN
Zubereitung: 25 Min.

Für die Kräuterbutter:
50 g weiche Butter
Salz | schwarzer Pfeffer
1–2 Knoblauchzehen
je 1–2 Stängel glatte Petersilie
   und Basilikum
1–2 Zweige Thymian

Für die Steaks:
2 dicke Rumpsteaks
   (à 200 g, je 3–4 cm hoch)
1 EL Butter
1 EL Öl
Salz | schwarzer Pfeffer

Außerdem:
Backpapier für die Kräuterbutter
ofenfeste Pfanne

1 Für die Kräuterbutter die weiche Butter mit je 1 kräftigen Prise Salz und Pfeffer glatt rühren. Knoblauch schälen und dazupressen. Die Kräuter waschen und trocken schütteln. Die Blättchen sehr fein hacken und unter die Butter rühren. Diese nochmals abschmecken, mithilfe von Backpapier zu einer Rolle formen und diese im Kühlschrank fest werden lassen.

2 Für die Steaks den Backofen auf 180° (Umluft nicht empfehlenswert) vorheizen. Fettrand der Steaks ein paarmal einschneiden; sonst wölbt sich das Fleisch beim Braten.

3 In der Pfanne Butter und Öl erhitzen. Die Steaks darin bei großer Hitze von beiden Seiten je ca. 1 Min. braten. Pfanne vom Herd ziehen. Das Fleisch herausnehmen, salzen und pfeffern, dann wieder einlegen. Steaks im Bratfett wenden und im heißen Ofen (Mitte) in 3–4 Min. blutig bis rosa oder in gut 5 Min. durchgaren; für dünnere Steaks diese Zeiten um ca. 1 Min. verkürzen. Den Backofen ausschalten, die Steaks mit Alufolie abdecken und bei geöffneter Ofentür 3–4 Min. nachziehen lassen.

4 Die Steaks auf vorgewärmten Tellern anrichten. Die Kräuterbutter aus dem Kühlschrank nehmen und in Scheiben schneiden, diese auf die Steaks legen und alles sofort servieren.

EINFACH & EDEL
Pfeffer-Portwein-Sauce

50 g kalte Butter in Flöckchen teilen und ins Tiefkühlfach stellen. Die Steaks wie im Rezept oben beschrieben in einer Pfanne braten, dann zugedeckt im Backofen in einer Form oder auf einem Backblech nachziehen lassen. Den Bratensatz in der Pfanne sofort mit 1 Schuss Rotwein, 50 ml Portwein und 100 ml Rinderfond ablöschen, loskochen, aufkochen und mit 1 TL grünen Pfefferkörnern (aus dem Glas) bei starker Hitze auf knapp die Hälfte einkochen. Die eiskalte Butter in Flöckchen in die reduzierte Sauce rühren und sie damit binden. Die Sauce mit Salz, Pfeffer, Honig und eventuell noch ein wenig Portwein abschmecken. Zu den Steaks servieren.

Schweinefleisch mag Süßes. Und gerade das Fleisch der Spareribs ist würzig genug, um im Karamell nicht unterzugehen, sondern im Gegenteil zu Höchstform aufzulaufen. Dieses Rezept beschert nicht nur genüssliches Knochenabknabbern, sondern auch wohlige Seufzer!

Schweinerippchen in Karamell

FÜR 2 PERSONEN
Zubereitung: 25 Min.
Garzeit: 1 Std. 30 Min.

2 Knoblauchzehen
750 g Schweinerippchen
  (Spareribs)
150 g Zucker
1 EL Reisessig
  (ersatzweise Weißweinessig)
70 ml Fischsauce (Asienladen;
  ersatzweise Sojasauce)

1 Die Knoblauchzehen schälen und halbieren. Das Fleisch abspülen, trocken tupfen und in einzelne Rippchen teilen.

2 In einem weiten Topf bei mittlerer Hitze den Zucker schmelzen und karamellisieren. Sobald er hellbraun wird, 100 ml Wasser, Reisessig und Fischsauce oder Sojasauce dazugießen. Alles bei mittlerer Hitze unter Rühren köcheln lassen, bis sich der Karamell aufgelöst hat.

3 Den Knoblauch und die Rippchen in die Karamellsauce geben und umrühren, sodass sie rundum benetzt sind. Auf kleinster Hitze zugedeckt ca. 1 Std. 30 Min. köcheln lassen, dabei ab und zu wenden. Sie sind fertig, wenn sich das Fleisch leicht vom Knochen lösen lässt.

4 Die Rippchen aus dem Topf nehmen, auf Teller verteilen und nach Belieben mit ein wenig Sauce beträufeln.

DAZU GLASNUDELSALAT
Für 2 Personen 100 g Glasnudeln in einer Schüssel mit kochendem Wasser übergießen, ca. 5 Min. stehen lassen, dann abgießen. 1/2 Salatgurke waschen und klein würfeln. 1 cm frischen Ingwer schälen und fein hacken. 1 dicke Frühlingszwiebel putzen, waschen und in schmale Ringe schneiden. Alle Zutaten mischen.
Für das Dressing 2 EL Reis- oder Weißweinessig, 1 TL geröstetes Sesamöl, 1 EL Fisch- oder Sojasauce und 1 TL gemörserten Szechuanpfeffer (ersatzweise schwarzen Pfeffer) gut verquirlen, eventuell salzen und mit dem Salat mischen. 100 g gesalzene geröstete Erdnüsse grob hacken und den Salat damit bestreuen.

Ein saftiges Schweinekotelett mit Chilikick plus Sahne-söβchen – so heiβt die Glücksformel fürs verregnete Wochen-ende, wenn das Grillen mal wieder ins Wasser gefallen ist. Wen es nach noch mehr Trost verlangt, der addiert Brat-kartoffeln dazu.

Schweinekotelett mit Honig-Balsamico-Sauce

FÜR 2 PERSONEN
Zubereitung: 35 Min.
Marinieren: 2 Std. (nach Belieben)

Für die Koteletts:
1 TL getrockneter Thymian
Piment d'Espelette oder
 Cayennepfeffer
2 EL Olivenöl
2 Schweinekoteletts mit Fettrand
 (Stielkoteletts; à ca. 200 g)
1 EL Butter | Salz

Für die Honig-Balsamico-Sauce:
100 ml Fleischbrühe (Instant)
100 g Sahne
1 EL Honig
1 EL Aceto balsamico
Piment d'Espelette oder
 Cayennepfeffer
Salz
1 Msp. abgeriebene Bio-
 Zitronenschale

1 Den Thymian und 1 kräftige Prise Piment d'Espelette oder Cayenne-pfeffer mit gut 1 EL Olivenöl vermischen. Das Fleisch waschen und trocken tupfen. Den Fettrand der Koteletts ein paarmal einschneiden; sonst wölbt sich das Fleisch beim Braten. Das Fleisch mit dem Würzöl bepinseln und – wenn möglich – ca. 2 Std. marinieren.

2 Den Backofen auf 80° vorheizen. In einer Pfanne restliches Öl und die Butter erhitzen. Die Koteletts darin bei mittlerer bis starker Hitze von beiden Seiten je nach Dicke je 4–6 Min. braten, aus der Pfanne nehmen und im Ofen nachziehen lassen.

3 Den Bratansatz in der Pfanne sofort mit der Brühe und der Sahne ablöschen, loskochen und cremig einköcheln lassen. Honig und Essig unterrühren und alles mit Piment d'Espelette oder Cayennepfeffer sowie Salz und abgeriebener Zitronenschale abschmecken.

4 Die Koteletts aus dem Ofen nehmen, salzen und mit der Sauce servie-ren. Außer Bratkartoffeln passen dazu auch Rösti oder Reis.

MEHR FEUER
*Statt der Sahnesauce können Sie »geschmolzene« **Chilitomaten** zu den Koteletts servieren: Dazu 1 Knoblauchzehe und 1 kleine Zwiebel schälen und würfeln. 1 grüne Chilischote waschen, putzen, nach Belieben entkernen und in feine Streifen schneiden. 200 g vollreife Tomaten überbrühen, häuten und halbieren. Von Stielansätzen und Kernen befreien. Das Fruchtfleisch klein würfeln.
Die Koteletts braten und warm stellen. Zwiebelwürfel, Knoblauch und Chili im Bratfett 3–4 Min. andünsten. Tomatenwürfel dazugeben, mit 1 Prise Puderzucker bestreuen, mitdünsten und weich werden lassen. Die Tomaten mit Salz und Piment d'Espelette oder Cayennepfeffer würzen und zu den Koteletts servieren.*

Gulasch

Wir kochen uns einen Regentag schön

Es schüttet wie aus Eimern. Der Himmel ist bleigrau, der Luftdruck tief im Keller. Und die Stimmung? Entsprechend. Schon seit dem frühen Nachmittag müssen Leuchtstoffröhren und LED-Lämpchen für Licht sorgen. Und der Wetterbericht kündigt neue Niederschlagsfronten an.

Kulinarisches Zwischenhoch

Um Gulasch zu schmoren, brauchen wir vor allem Zeit. Okay. Draußen verpassen wir heute nichts. Und die Stunden, die wir in der Küche oder ihrer Nähe verbringen, werden am Schluss reich belohnt. Der Arbeitsaufwand hält sich in Grenzen: Gulasch verlangt nur am Anfang und beim Finish etwas Aufmerksamkeit, dazwischen gart es fast von allein. Gutes Fleisch brauchen wir natürlich, aber kein edles Filet – das wäre ganz falsch. Am besten ist derberes Muskelfleisch mit festen Fasern. Das ist auch in Bioqualität oder beim guten Metzger bezahlbar. Zusätzliches Plus, wenn wir Rindfleisch verwenden: Wie Parmesan oder Sojabohnen enthält es in nennenswerter Menge einen Eiweißbaustein namens Tyrosin. Der trägt dazu bei, dass unser Gehirn die »Wachmacher« Dopamin und Adrenalin bilden kann, und sorgt so für gute Laune.

Das Anfangstief ist schnell vorbei

Zugegeben: Am Anfang fließen Tränen. Denn damit die Sauce sämig und aromatisch wird, müssen ein paar Zwiebeln möglichst fein zerkleinert werden. Wer schon das Abziehen der braunen Zwiebelhaut hasst, nimmt dicke Gemüse- oder Metzgerzwiebeln. Davon braucht man nur eine oder zwei, und die lassen sich am schnellsten schälen und würfeln. Für Röstaromen in der Sauce sorgt das Anbraten. Event-Köche lieben es, wenn das Fleisch in der Pfanne brutzelt und es beim Ablöschen mit Wein oder Bier so richtig zischt und dampft. Wer darauf keine Lust hat, der lässt es einfach bleiben, denn auch sanfte Naturen bekommen ein gutes Gulasch hin: Sie rühren das gewürfelte Fleisch ohne Brimborium unter die gewürzten und gebräunten Zwiebeln, warten einen kleinen Moment und gießen dann Brühe, Wein oder Bier dazu. Nun alles einmal aufkochen und dann – ganz wichtig! – die Hitze herunterschalten.

Entspannte Vorfreude

Das Fleisch darf jetzt geduldig vor sich hin schmoren. Und wir dürfen uns relaxed mit kleinen Zerstreuungen die Zeit vertreiben: mit der Freundin am Telefon quatschen, die heutige Zeitung auswendig lernen, den Tisch schön decken oder einfach gemütlich dasitzen, die Beine auf den Kuchenhocker legen, einen kleinen Aperitif genießen und sich auf das Festessen freuen.

Nur ganz allein lassen dürfen wir das Gulasch nicht. In der Nähe sollten wir schon bleiben. Denn das Gulasch sollte nie komplett von Flüssigkeit bedeckt sein; sonst wird es verwässert. Und anbrennen darf es natürlich auch nicht. Ab und zu müssen wir also mal den Topfdeckel lüpfen, vielleicht ein wenig Brühe nachgießen und alles umrühren. Aber keine Sorge! Das sind schon die Hauptaktivitäten.

Zum Schluss probieren wir: Wenn die Fleischstückchen nach dem Einstechen sanft von der Gabel gleiten und die Sauce sämig und schön abgeschmeckt ist, dann wird unsere Geduld belohnt mit einem Festmahl. Dazu passt alles, worauf wir gerade Hunger haben: breite Bandnudeln, Reis, Bratkartoffeln oder Semmelknödel (Rezept Seite 121). Faule Köche servieren dazu ganz einfach Brot, Baguette oder Kümmelsemmeln. Regnet es übrigens noch? Ach was. Ist doch wurscht!

Gulaschrezepte gibt es sicher so viele wie Köche in Ungarn. Hier grüßt die Puszta mit einer bunten Version, die alles hat, was einen grauen Tag retten kann: herrlich sämige, würzige Sauce, mürbes, aber saftiges Fleisch und für Gemüsefreunde bunte Paprikastückchen.

Rindergulasch

FÜR 2 PERSONEN
Zubereitung: 25 Min.
Schmorzeit: 1 Std. 40 Min.

500 g Zwiebeln
  (z. B. 2 Gemüsezwiebeln)
je 1 kleine gelbe und rote
  Paprikaschote
2 EL Butterschmalz
1–2 Prisen brauner Zucker
500 g Rindergulasch (Schulter
  oder Hesse; in 2 cm große
  Würfel geschnitten)
Salz | schwarzer Pfeffer
1 EL Tomatenmark
1–2 EL edelsüßes oder rosen-
  scharfes Paprikapulver
  (je nach gewünschter Schärfe)
1/2 TL Kümmelsamen
1 TL getrockneter Majoran
50 ml dunkles Weizenbier
  (kein Malzbier; ersatzweise
  Rotwein oder Rinderbrühe)
80–120 ml kräftige Rinderbrühe
  (Instant)
2 EL saure Sahne

1 Die Zwiebeln schälen und sehr klein würfeln. Die Paprikaschoten waschen, putzen und in 2–3 cm große Stücke schneiden.

2 In einem größeren Schmortopf 1 EL Butterschmalz erhitzen und die Paprikastücke darin unter Rühren bei mittlerer bis starker Hitze 3–5 Min. anbraten. 1 kleine Prise Zucker darüberstäuben und karamellisieren. Paprika herausnehmen und beiseitestellen.

3 Erneut im Schmortopf 1 EL Butterschmalz erhitzen. Die Fleischwürfel darin in zwei Portionen bei mittlerer Hitze rundum jeweils 3–5 Min. anbraten, herausnehmen und mit Salz und Pfeffer würzen.

4 Zwiebeln ins Bratfett rühren und darin hellbraun braten. Tomatenmark, 1 EL Paprikapulver, Kümmel und Majoran dazugeben und kurz mitbraten.

5 Das Fleisch wieder in den Topf geben. Alles mit 1 Schuss Bier ablöschen, ca. 80 ml Brühe angießen und aufkochen. Dann alles bei kleiner Hitze zugedeckt gut 1 Std. 30 Min. schmoren und dabei, falls nötig, noch Brühe, übriges Bier und eventuell etwas Wasser angießen. Das Fleisch darf weder anbrennen noch ganz von Flüssigkeit bedeckt sein.

6 Nach der Garzeit sollte das Fleisch schön weich sein. Falls nötig, die Garzeit etwas verlängern.

7 Die Paprikastücke ins Gulasch geben und zugedeckt ca. 5 Min. mitgaren. Falls nötig, alles offen etwas einkochen. Das Gulasch mit Salz, Pfeffer, braunem Zucker, Paprikapulver und nach Belieben etwas Bier abschmecken und mit je 1 Klecks saurer Sahne servieren.

DAZU PASST …
Puristen genießen zum Gulasch nur Kümmelsemmeln. Es passt aber alles, worauf man gerade Hunger hat: breite Bandnudeln, Reis, Bratkartoffeln, Semmelknödel oder auch Rösti oder Kartoffelpuffer. Das dunkle Bier gibt der Sauce eine schöne Farbe und hopfenwürzigen Geschmack. Wer den nicht mag, kann Rotwein oder einfach mehr Brühe verwenden.

Der Duft von warmem Hefeteig verbreitet
wohlige Vorfreude auf frisch Gebackenes.
Hier wird allerdings gedämpft, und zwar
herzhaft. Damit erweisen sich die Chinesen
als wahre Meister des Wohlfühlkochens!

Chinesische Hefeklöße

1 Für den Hefeteig in einer Rührschüssel Mehl, Hefe, Zucker und Salz vermischen. Das Öl und 200 ml lauwarmes Wasser mit einem Löffel oder den Knethaken des elektrischen Handrührers unterrühren und alles zu einem Teig verkneten.

2 Den Teig auf der bemehlten Arbeitsfläche ca. 5 Min. kneten; er soll sehr weich bleiben. Nur wenn er zu klebrig ist, noch wenig Mehl unterkneten. Den Teig zugedeckt an einem warmen Ort ca. 45 Min. gehen lassen, bis sich sein Volumen deutlich vergrößert hat.

3 Inzwischen für die Füllung die Garnelen schälen und fein hacken. Die Frühlingszwiebel putzen, waschen und in feine Ringe schneiden. Den Ingwer schälen und fein hacken. Alles zusammen mit dem Fleisch in eine Schüssel geben und mit Sojasauce, Fünf-Gewürze-Pulver (falls verwendet) sowie Salz kräftig würzen.

4 Für den Dip die Chilischote waschen, putzen, entkernen und fein hacken. Die Frühlingszwiebel putzen, waschen und in feine Ringe schneiden. Mit Chili, Hoisinsauce, Sojasauce und 50 ml lauwarmem Wasser gut verrühren.

5 Den Dämpfeinsatz oder Dämpfkorb mit Backpapier auslegen. Den gegangenen Teig in acht Portionen teilen. Jede Portion in der Handfläche flach drücken, in die Mitte je 1 EL Füllung geben, den Teig darüber verschließen und zu einem spitzen Zipfel verdrehen.

6 Die gefüllten Klöße am besten mit der Naht nach unten nebeneinander in den Dämpfeinsatz legen, den Einsatz in einen großen Topf oder Wok mit etwas Wasser setzen, das Wasser aufkochen und die Klöße zugedeckt ca. 20 Min. dämpfen. Die fertigen Klöße mit dem Dip servieren.

FÜR 2 PERSONEN
Zubereitung: 1 Std.
Garzeit: 20 Min.

Für den Hefeteig:
250 g Mehl | 1 TL Trockenhefe
1 TL Zucker | 1 TL Salz
1 EL neutrales Pflanzenöl

Für die Füllung:
100 g TK-Riesengarnelen
   (aufgetaut)
1 Frühlingszwiebel
1 Stück frischer Ingwer (ca. 3 cm)
100 g Schweinehackfleisch
3 EL Sojasauce
1 TL chinesisches Fünf-
   Gewürze-Pulver (Asienladen;
   nach Belieben)
Salz

Für den Dip:
1 frische rote Chilischote
1 Frühlingszwiebel
2 EL Hoisinsauce
4 EL helle Sojasauce

Außerdem:
Mehl für die Arbeitsfläche
Dämpfeinsatz oder
   Bambus-Dämpfkörbchen
Backpapier

Geschmorte Lammhaxen mit Aprikosen

FÜR 2 PERSONEN
Zubereitung: 40 Min.
Schmorzeit: 1 Std. 30 Min.

2 Lammhaxen (à ca. 450 g)
Salz | 3 große Schalotten
1 EL Butterschmalz
500 ml Hühnerbrühe (Instant)
1 TL Zimtpulver
je 1/2 TL gemahlener Ingwer
  und gemahlener Kreuzkümmel
  (Cumin)
1 TL gemahlener Koriander
je 1 Msp. Chili- und Gewürz-
  nelkenpulver
6 getrocknete Aprikosen
1–2 EL Orangenblütenwasser
  (Apotheke oder türkisches
  Lebensmittelgeschäft; nach
  Belieben)

Außerdem:
Schmortopf mit Deckel

1 Den Backofen (außer bei Umluft) auf 180° vorheizen. Die Lammhaxen unter fließendem kaltem Wasser abbrausen, gründlich trocken tupfen und rundum salzen. Die Schalotten schälen und halbieren.

2 In einem weiten Schmortopf das Butterschmalz erhitzen. Die Lammhaxen darin bei mittlerer Hitze in ca. 10 Min. rundum kräftig anbraten, dann herausnehmen.

3 Den Bratensatz mit der Hühnerbrühe ablöschen und bei starker Hitze zugedeckt aufkochen. Die Gewürze einrühren, die Lammhaxen dazugeben und die Schalottenhälften drumherum verteilen. Den Deckel auflegen und den Schmortopf in den heißen Backofen (Mitte; Umluft 160°) stellen. Die Haxen in insgesamt ca. 1 Std. 30 Min. weich schmoren.

4 Nach ca. 30 Min. die Haxen wenden. Nach ca. 1 Std. erneut wenden und die Aprikosen dazugeben. Gegen Ende der Schmorzeit mit einer Messerspitze prüfen, ob das Fleisch bereits weich ist.

5 Sobald das Fleisch gar ist, den Backofen ausschalten und den Topf herausnehmen. Die Lammhaxen und die Aprikosen mit einem Schaumlöffel aus der Schmorflüssigkeit heben und in einer Servierschüssel im Backofen warm halten.

6 Mit einem Esslöffel so viel Fett wie möglich von der Schmorflüssigkeit abschöpfen und diese bei starker Hitze offen in ca. 10 Min. auf etwa die Hälfte einkochen. Mit Salz abschmecken, dann über das Fleisch gießen.

7 Wer den blumig-würzigen Duft schätzt, beträufelt das Gericht vor dem Servieren mit Orangenblütenwasser. Zu den Haxen und der Sauce passt Couscous oder Safran-Mandel-Reis (siehe Beilagentipp) sehr gut.

DAZU SAFRANREIS

Um dieses orientalische Festmahl zu begleiten und ein fröhliches Gelb auf den Teller zu zaubern, eignet sich Safran-Mandel-Reis: Dazu 5 Safranfäden im Mörser pulverisieren und in 175 ml warmem Wasser auflösen. In einem kleinen Topf 1 TL Butter zerlassen. 100 g Basmatireis darin bei mittlerer Hitze unter Rühren glasig anbraten. Das Safranwasser angießen, salzen und alles aufkochen. Sobald das Wasser kocht, auf kleinste Hitze herunterschalten und den Reis zugedeckt in ca. 15 Min. ausquellen lassen, bis er die gesamte Flüssigkeit aufgesaugt hat. Ca. 5 Min. vor Ende der Garzeit in einem Pfännchen ohne Fett bei mittlerer Hitze 2 EL Mandelblättchen goldgelb anrösten. Den fertigen Reis mit einer Gabel auflockern und die Mandelblättchen daruntermischen.

Genial, wenn die Seele baumeln will: Nur etwas Schnippelei vorab und ein wenig Aufmerksamkeit zum Schluss braucht das Hähnchen mit Fritten. Beides röstet ohne Zutun im Ofen vor sich hin ...

Chili-Hähnchen und Pommes vom Blech

1 Den Backofen auf 200° (Umluft 180°) vorheizen. Die Hähnchen-schenkel waschen, mit Küchenpapier trocken tupfen und nach Belieben an den Gelenken durchschneiden.

2 Die Form oder ein Backblech mit 1–2 EL Öl bepinseln und die Hähn-chenstücke mit der Haut nach oben darauflegen.

3 Den Limettensaft mit dem Ahornsirup, 1 EL Öl, Kreuzkümmel, Korian-der, 1/2 TL Salz und Pfeffer verrühren. Den Knoblauch schälen und dazupressen. Die Stiele von den Chilis abbrechen, die Kerne (besonders scharf) nach Belieben herausschütteln und entfernen. Die Schoten in einem Mörser zerstoßen oder fein zerkrümeln (Vorsicht, macht auch die Finger scharf – am besten mit Einweghandschuhen arbeiten!) und unter-rühren. Die Hähnchenteile mit der Würzmischung bepinseln.

4 Die Kartoffeln schälen, längs halbieren und in Stäbchen schneiden. Diese neben die Hähnchenstücke streuen, mit Salz und Pfeffer würzen und das restliche Olivenöl darüberträufeln.

5 Hähnchenteile und Kartoffeln im heißen Backofen (Mitte) ca. 50 Min. garen. Das Fleisch ist gar, wenn beim Anstechen klarer Saft austritt; anderenfalls weitere ca. 10 Min. garen. Falls die Haut noch zu blass ist, die Temperatur auf 250° (Umluft 230°) erhöhen oder den Backofengrill dazuschalten und Hähnchen und Kartoffeln in 1–3 Min. knusprig braun werden lassen. Achtung: Die Hähnchenhaut verbrennt leicht! Wenn sie knusprig braun glänzt, das Blech sofort aus dem Ofen holen.

6 Chili-Hähnchen und Pommes in der Form servieren oder auf Tellern anrichten. Dazu schmecken Fladenbrot und Tomatensalat.

FÜR 2 PERSONEN
Zubereitung: 15 Min.
Backzeit: ca. 60 Min.

2–3 große Hähnchenschenkel
  (à ca. 200 g)
4 EL Olivenöl
1 EL Limettensaft
1 TL Ahornsirup
je 1 kräftige Prise gemahlener
  Kreuzkümmel (Cumin)
  und Koriander
Salz | schwarzer Pfeffer
1 dicke Knoblauchzehe
2–3 getrocknete rote Chilischoten
500 g längliche festkochende
  Kartoffeln

Außerdem:
große ofenfeste Form

Fish Nuggets mit Kräutercreme

FÜR 2 PERSONEN
Zubereitung: 1 Std.

Für die Kräutercreme:
2 Eier (Größe S oder M)
1 kleines Sardellenfilet in Öl
  (aus dem Glas)
200 g Crème fraîche oder je
  100 g Joghurt und Crème fraîche
1/2 Bund Schnittlauch
je 3 Stängel glatte Petersilie
  und Estragon
1 Cornichon
1 TL Kapern (aus dem Glas)
Salz | schwarzer Pfeffer
1–2 TL Zitronensaft

Für die Fish Nuggets:
300 g dickes frisches Fischfilet
  ohne Haut (je nach Angebot
  z. B. Kabeljau oder Rotbarsch)
1 EL Zitronensaft
80 g Mehl
1 Ei (Größe S)
Salz
knapp 100 ml Weißwein
  (ersatzweise helle Trauben-
  oder Apfelsaftschorle)
reichlich Öl zum Frittieren
schwarzer Pfeffer
Zitronenschnitze zum Servieren

1 Für die Kräutercreme die Eier in ca. 10 Min. hart kochen, dann abschrecken und abkühlen lassen.

2 Inzwischen für die Nuggets die Fischfilets vorbereiten. Mit den Fingerspitzen darüberstreichen und aufgespürte Gräten mit einer Pinzette herausziehen. Die Filets waschen, trocken tupfen und in mundgerechte Stücke schneiden. Diese mit Zitronensaft beträufeln und ruhen lassen.

3 Das Mehl in eine große Schüssel sieben. Das Ei trennen. Das Eigelb zum Mehl geben, das Eiweiß in einer zweiten Schüssel mit 1 kräftigen Prise Salz sehr steif schlagen und kühl stellen. Eigelb und Mehl mit dem Weißwein zu einem glatten Teig verrühren. Diesen zugedeckt ca. 20 Min. ruhen lassen.

4 Inzwischen für die Creme die hart gekochten Eier pellen und halbieren. Das Sardellenfilet abtupfen, fein hacken und zusammen mit den Eigelben in einer kleinen Schüssel zu einer Paste zerdrücken. Diese mit der Crème fraîche und, falls verwendet, dem Joghurt verrühren.

5 Den Schnittlauch in sehr feine Röllchen schneiden. Die übrigen Kräuter waschen und trocken schütteln. Die Blättchen sehr fein hacken, ebenso das Eiweiß, das Cornichon und die Kapern. Alles mit der Eiercreme verrühren und mit Salz, Pfeffer und Zitronensaft abschmecken.

6 Nach der Ruhezeit den Eischnee unter den Teig heben. In einen Topf oder Wok mindestens 2 cm hoch Öl geben und stark erhitzen. Die Fischstücke trocken tupfen, salzen und pfeffern. Dann portionsweise in den Teig geben. Die Stücke mit einer Gabel herauspicken und sofort im heißen Öl schwimmend je nach Dicke in 4–6 Min. rundum goldbraun frittieren. Auf Küchenkrepp entfetten. Mit der Kräutercreme und den Zitronenschnitzen anrichten und servieren. Dazu passen Bratkartoffeln mit Speck.

GEGEN FERNWEH
Für eine feurige Asia-Version das Fischfilet statt mit Zitronensaft in 1–2 EL Fischsauce (Asienladen) marinieren. Für den Dip 1 Prise Zucker, 3 EL Limettensaft, 2 TL Fischsauce und 1 EL Öl glatt rühren. Je 1/2 Bund Koriander und Thai-Basilikum waschen und fein hacken. 1 kleine frische rote Chilischote waschen, putzen, entkernen und hauchfein hacken und zusammen mit den Kräutern unter den Dip rühren.

Omega-3-Fettsäuren sind Balsam für unsere Seelen – das bestätigen wissenschaftliche Studien. Wie schön, dass Makrelen so viel davon an Land bringen. Und Fett ist der Geschmacksträger schlechthin. Hier hat er mit einem aromatischen Pfeffer-Ingwer-Mix eine Portion gute Laune an Bord.

Pfeffer-Ingwer-Makrelen mit Salsa verde

FÜR 2 PERSONEN
Zubereitung: 1 Std.

1 Bund glatte Petersilie
2–3 Stängel Minze
2 Knoblauchzehen
2–3 Sardellenfilets in Öl
  (aus dem Glas)
1 TL Kapern (aus dem Glas)
2–3 EL Semmelbrösel
1 kleine Bio-Zitrone
5–7 EL Olivenöl
Salz | schwarzer Pfeffer
2 küchenfertige Makrelen
  (à 320–350 g)
je 1 TL schwarze, grüne und
  rote Pfefferkörner oder
  3 TL bunter Pfeffer
1 walnussgroßes Stück
  frischer Ingwer
1 TL grobes Meersalz
1 TL brauner Zucker

Außerdem:
ausreichend großer Bräter
Olivenöl für die Form

1 Für die Salsa verde die Kräuter waschen und trocken schütteln, 2 große Petersilienstängel für die Fische beiseitelegen. Die Blätter von den anderen Stielen abzupfen und in einen Rührbecher geben. 1 Knoblauchzehe schälen und grob zerkleinern. Sardellen und Kapern abtropfen lassen und zusammen mit dem Knoblauch und knapp 2 EL Semmelbröseln in den Becher geben.

2 Die Zitrone waschen und abtrocknen. Etwas mehr als die Hälfte in dünne Scheiben schneiden und beiseitelegen. Vom Rest ca. 1/2 TL Schale abreiben und 1/2 EL Saft auspressen. Diesen und gut 5 EL Öl mit in den Rührbecher geben. Alles mit dem Pürierstab sehr fein pürieren. Nach Bedarf etwas Öl oder Semmelbrösel untermixen. 1 Msp. Zitronenschale unterrühren, mit Salz, Pfeffer und eventuell noch etwas Zitronensaft oder -schale abschmecken, kühl stellen und durchziehen lassen.

3 Die Makrelen gründlich waschen und innen und außen trocken tupfen. Die Pfefferkörner im Mörser grob zerstoßen. Ingwer und übrigen Knoblauch schälen und fein hacken. Beides mit Meersalz, Zucker und dem Pfeffer mischen. Die Fische innen und außen mit der Mischung würzen. Den Backofengrill auf höchster Stufe vorheizen.

4 Die restlichen Petersilienstängel und die Zitronenscheiben in die Bauchhöhlen der Fische stecken, die Zitronenscheiben dabei in der Mitte knicken; sonst rutschen sie heraus. Die Fische in den geölten Bräter legen und im heißen Ofen mit ca. 20 cm Abstand zu den Grillschlangen 6–7 Min. grillen, dann wenden und weitere 6–7 Min. grillen.

5 Die Fische weiter oben im Backofen mit noch ca. 15 cm Abstand von den Grillschlangen ca. 5 Min. je Seite grillen. Das Grillen überwachen; die Haut soll knusprig, aber nicht schwarz werden. Die fertigen Makrelen aus dem Backofen nehmen und mit der Salsa verde servieren. Dazu passen knusprige Bratkartoffeln.

Fisch in cremiger Sauce, verborgen unter einer weichen Kartoffeldecke. Das ist Glück zum Löffeln!

Fish Pie

1 Die Kartoffeln schälen, große Knollen eventuell halbieren. Salzen und im Dämpfeinsatz über kochendem Wasser zugedeckt in ca. 20 Min. weich kochen (oder auf gewohnte Art in Salzwasser garen).

2 Inzwischen die Fischfilets kalt abspülen und trocken tupfen. Gräten suchen und entfernen, das Filet in mundgerechte Würfel schneiden. Den Räucherlachs fein würfeln.

3 Den Lauch putzen, längs aufschneiden, gründlich waschen und in daumenbreite Stücke schneiden. Fenchelsamen, falls verwendet, im Mörser grob zerstoßen. Die Petersilie waschen und trocken schütteln, die Blättchen fein hacken.

4 Die gegarten Kartoffeln abgießen und mit dem Kartoffelstampfer fein zu Brei stampfen. Diesen mit 1 EL Butter und 100 ml Milch glatt rühren und mit Salz und Pfeffer abschmecken. Den Backofen (außer bei Umluft) auf 200° vorheizen.

5 In einem Töpfchen die restliche Milch erhitzen, aber nicht aufkochen. In einem mittelgroßen Topf den übrigen EL Butter bei kleiner Hitze zerlassen. Das Mehl mit dem Schneebesen in die Butter rühren und in ca. 1 Min. goldgelb anschwitzen.

6 Die heiße Milch und die Sahne unter Rühren zum angeschwitzten Mehl geben und alles aufkochen, sodass eine sehr dicke Sauce entsteht. Diese bei mittlerer Hitze ca. 5 Min. köcheln lassen, dann vom Herd nehmen, salzen und pfeffern. Fischwürfel, Räucherlachs, Fenchelsamen, Lauch und Petersilie untermischen.

7 Die Auflaufform mit Butter einfetten und die Fischmischung hineingeben. Den Kartoffelbrei darauf verteilen und nach Belieben mithilfe einer Gabel verzieren. Den Auflauf im heißen Ofen (Mitte; Umluft 180°) ca. 30 Min. backen, bis der Kartoffelbrei oben goldbraun wird. Aus dem Ofen nehmen und vor dem Servieren ca. 10 Min. ruhen lassen.

FÜR 2 PERSONEN
Zubereitung: 50 Min.
Backzeit: 30 Min.

500 g Kartoffeln
  (siehe dazu Seite 83)
Salz
400 g frisches, festfleischiges
  weißes Fischfilet (je nach
  Angebot z. B. Atlantik-Seelachs,
  Ostsee-Kabeljau oder Nord-
  see-Schellfisch)
100 g Räucherlachs
1 Stange Lauch
1/2 TL Fenchelsamen
  (nach Belieben)
1/2 Bund glatte Petersilie
2 EL Butter
375 ml Milch
schwarzer Pfeffer
1 EL Mehl
100 g Sahne

Außerdem:
Topf mit Deckel und
  Dämpfeinsatz
Auflaufform (20 × 25 cm groß)
Butter für die Form

Desserts und Kuchen:
süße Glücksbringer

Lassen Sie sich von Schokotörtchen und zarter Creme ins Schlaraffenland entführen: Einfach auf der Zunge zergehen lassen und fürs Erste alle Sorgen vergessen. Morgen ist auch noch ein Tag.

Wenn bei diesen Törtchen auf den ersten Gabelstich die noch weiche Schokolade hervorquillt, wenn sich feine Kakaoaromen mit süßer Frucht und leichter Ingwerschärfe mischen, dann ist klar: Der Trosteffekt einer Tafel Schokolade ist immer noch steigerbar.

Lauwarme Schokotörtchen mit Ingwer-Orange

1 Vier Mulden des Muffinblechs buttern und mit Mehl ausstreuen.
Für die Törtchen in einer kleinen Schüssel über einem heißen Wasserbad
die Schokolade und die Butter zusammen schmelzen und glatt rühren,
dann etwas abkühlen lassen.

2 In einer Rührschüssel Zucker und Ei mit den Quirlen des elektrischen
Handrührers sehr schaumig schlagen. Die abgekühlte Schokoladen-
masse zusammen mit Mehl, Kardamom und Salz gründlich darunterrühren. Die Masse in die gefetteten Blechmulden geben. Das Ganze
mindestens 2 Std. kühl stellen.

3 Inzwischen für die Ingwer-Orange die Orange bis ins Fruchtfleisch
schälen und die Filets zwischen den Häutchen herausschneiden; dabei
den Saft auffangen. Den Ingwer fein würfeln und mit den Orangenfilets
und dem Orangensaft mischen. Kühl stellen.

4 Den Backofen auf 180° (Umluft nicht empfehlenswert) vorheizen.

5 Das Muffinblech mit der Schokomasse auf der mittleren Schiene in
den Backofen schieben und die Törtchen ca. 8 Min. backen. Sie sehen
dann noch fast flüssig aus, haben aber eine dünne, gebackene Kruste
über dem weichen Schokokern. Das Blech herausnehmen und etwas
abkühlen lassen.

6 Die Törtchen vorsichtig aus den Mulden lösen und lauwarm mit der
Ingwer-Orangen-Mischung servieren.

FÜR 2 PERSONEN
Zubereitung: 20 Min.
Kühlen: 2 Std.
Backzeit: 10 Min.

Für die Törtchen:
70 g dunkle Schokolade
  (mindestens 70 % Kakaoanteil)
40 g Butter
1 EL Zucker
1 Ei (Größe M)
1 TL Mehl
1/2 TL gemahlener Kardamom
1 Prise Salz

Für die Ingwer-Orange:
1 Orange
2 Stück in Sirup eingelegter
  Ingwer (oder 3 kandierte
  Ingwerstäbchen)

Außerdem:
Muffinblech
Butter und Mehl für
  das Muffinblech

Schokolade, Butter, Ei und Sahne – ein ebenso schlichtes wie geniales Dessert aus Frankreich, das die Gute-Laune-Macher in unserem Gehirn anregt. Der Klassiker zum Niederknien: Einfach vom Löffel schlecken und glücklich dahinschmelzen.

Mousse au Chocolat

**FÜR 4–6 PERSONEN
(SIEHE TIPP)**
Zubereitung: 30 Min.
Ruhen: mindestens 4 Std.

100 g dunkle Schokolade
   (60–70 % Kakaoanteil)
1 EL Butter
100 g Sahne | Salz
2 sehr frische Eier
   (Größe S oder M)
2 EL Puderzucker
1 TL weißer Rum oder Cognac
   (nach Belieben; ersatzweise
   1 TL kalter Espresso)
Minzeblättchen zum Garnieren

Außerdem:
Puderzucker zum Bestäuben

1 Die Schokolade zerkleinern, in eine passende Schüssel geben und zusammen mit der Butter über einem heißen Wasserbad schmelzen, dabei immer wieder umrühren. Inzwischen die Sahne mit 1 Mini-Prise Salz steif schlagen. Geschmolzene Schokolade vom Wasserbad nehmen und leicht abkühlen lassen.

2 Die Eier trennen. Die Eiweiße zu sehr steifem Schnee schlagen und diesen kalt stellen. Die Eigelbe zusammen mit dem Zucker in 8–10 Min. mit dem elektrischen Handrührer dickschaumig und hell aufschlagen.

3 Die geschmolzene Schokolade löffelweise unter die Eigelbmischung rühren. Das Ganze nach Belieben mit Cognac oder Rum aromatisieren. Mit einem Schneebesen den Eischnee vorsichtig unter die Masse heben, dann die Sahne ebenso.

4 Die Mousse in eine Schüssel füllen und im Kühlschank in mindestens 4 Std., am besten aber über Nacht, durchkühlen. Zum Servieren einen Esslöffel in heißes Wasser tauchen, Nocken damit abstechen und auf Tellern anrichten. Mit Puderzucker bestäuben und mit Minzeblättchen garnieren.

GLÜCK MAL ZWEI
Diese Mousse ist eine wuchtige Sache – ohne Zweifel. Selbst Chocoholics vertragen davon keine Riesenportion. In kleinerer Menge lässt sich die ebenso üppige wie fluffige Creme aber kaum zubereiten. Wie schön, dass sie am nächsten Tag die Genießer noch einmal glücklich macht.

WIE IM STERNERESTAURANT
Servieren Sie die Mousse mit Beerencoulis: Dafür 50 g Beeren (z. B. Himbeeren; sie dürfen auch tiefgekühlt sein) mit 1–2 EL Wasser, 1 EL Zucker und 1 Spritzer Zitronensaft aufkochen, dann durch ein Sieb passieren. Das Coulis auf zwei Dessertteller träufeln und mit einem Holzstäbchen dekorativ verziehen. Die Mousse darauf anrichten.

Heiße Schokolade

Kann Kakao tatsächlich Liebeskummer lindern?

Natürlich kann kein Zaubertrank der Welt den echten und wahren und großen Liebeskummer beenden. Das wissen alle, die schon mal einen Beziehungs-GAU erleben mussten. Doch wer von einer fürsorglich gekochten heißen Schokolade das Sahnehäubchen abgelöffelt hat, um dann den dickflüssigen Kakao Schlückchen für Schlückchen zu genießen, der kann verspüren, wie der Kopf vom angenehmen Schoko- duft zu helleren Gedanken inspiriert wird und die wohlige Wärme, die sich langsam im Körper ausbreitet, das kalte Herz, das den Kummer verursachte, für einen Moment vergessen macht.

Bittersüße Wohltäterin

Dass viele sich in schweren Zeiten am liebsten von Schokolade trösten lassen, hat zunächst einen ganz einfachen Grund: Wer Schokolade gern nascht, dem tut sie auch gut. Aber sie enthält tatsächlich heilsame Substanzen. Vor allem dunkle Schokolade, mit der wir unseren Seelen- tröster-Trank kochen, hat jede Menge gesunde Pflanzen- und Mineral- stoffe aus der Kakaobohne abbekommen: z. B. Polyphenole, die den Blutdruck senken können. Kalium, das sowohl unseren Körper als auch unser Gehirn stärkt. Magnesium, das entspannend bei Stress wirkt. Und Mangan, das uns ankurbelt, wenn die Konzentration nachlässt. Kakaobutter in dunkler Schokolade enthält darüber hinaus besonders wertvolle Fettsäuren.

Eine kleine Dosis Zauberei

Wissenschaftler liefern aber noch mehr Argumente für eine Schoko-Therapie. In ihren Chemielaboren haben sie allerhand glücklich machende Substanzen in der Schokolade entdeckt, wenn auch nur in winzigen Mengen: Theobromin, das uns sanft anregen und unsere Laune verbessern kann. Anandamid, das uns ähnlich wie Cannabis berauschen kann. Auch Serotonin ist enthalten, das uns glücklich und zufrieden macht. Leider kann unser Körper das Schoko-Serotonin nicht eins zu eins verwerten. Denn unser Gehirn muss den Wunderstoff, der auch Glückshormon genannt wird, selbst bilden. Hierbei hilft ein Eiweiß-baustein namens Tryptophan. Zum Glück kommt der in Milchprodukten und auch in dunkler Schokolade vor. So liefert unsere heiße Schokolade tatsächlich ein Tässchen Trost.

Kultgetränk mit Geschichte

Schon die Azteken im 14. Jahrhundert stärkten sich mit einem kakao-haltigen Getränk, das sie Xocólatl nannten: nach »xócoc« für bitter oder sauer und »atl« für Wasser. Das angebliche Lieblingsgetränk des azte-kischen Königs Montezuma wurde damals wohl mit Cayennepfeffer und Kräutern aromatisiert.

In Europa konnte sich dafür anfangs noch niemand erwärmen. Schoko-lade avancierte erst zum heiß begehrten Kultgetränk, als kreative Köche an den Fürstenhöfen das »Bitterwasser« mit Milch und Honig oder Rohr-zucker kombinierten. Die Samen des Kakaobaums wurden zum Luxus-produkt. Da sie als stimulierend und aphrodisierend galten, wurden sie bald als Heilmittel in Apotheken verkauft. Im 18. Jahrhundert schlürfte auch das gehobene Bürgertum genussvoll flüssige Schokolade.

Wie schön, dass wir uns heute alle den kleinen Seeelentröster leisten und uns in kalten Zeiten von seinen Zauberkräften wärmen und aufhei-tern lassen können, und das nicht nur, wenn uns gerade die große Liebe abhandengekommen ist.

Ein Quantum Trost: Ein Tässchen heiße Schokolade kann die Welt natürlich nicht verändern. Aber sie sorgt dafür, dass sie uns – wenigstens für eine kleine Weile – Schluck für Schluck heller und freundlicher erscheint.

Heiße Schokolade

FÜR 2 PERSONEN
Zubereitung: 10 Min.

250 ml Milch
100 g Sahne
1–3 TL Puderzucker
75 g dunkle Schokolade
  (60–70 % Kakaoanteil)
je 1 Msp. gemahlener Kardamom
  und Zimtpulver

1 In einem kleinen Topf die Milch erhitzen, aber nicht aufkochen. Die Sahne nach Belieben mit 1–2 TL Puderzucker süßen und steif schlagen.

2 Von der Schokolade mit dem Sparschäler ein paar Späne abhobeln und beiseitelegen. Den Rest in Stücke brechen und in der Milch unter Rühren schmelzen. Die Hälfte der Sahne zusammen mit dem Kardamom und dem Zimt unterrühren.

3 Die heiße Schokolade nach Belieben mit 1–2 TL Puderzucker süßen und kurz neben dem Herd ruhen lassen.

4 Die Schokolade in zwei Tassen verteilen und jeweils mit einem Sahnehäubchen garnieren, dieses mit den Schokoladenspänen verzieren.

BITTER MACHT LUSTIG
Je mehr Kakao die verwendete Schokolade enthält, desto höherwertig und wohltuender ist sie. Allerdings macht er unseren Zaubertrank auch bitter. Süßschnäbel und Naschkatzen wählen deshalb eine nicht ganz so hochprozentige Variante oder rühren ein oder zwei Löffelchen mehr Puderzucker in die heiße Schokolade.

Zur inneren Anwendung: zwei große Portionen Creme für die Seele! Hier sorgen die edelsten Gewürze der Welt für unvergleichliches Aroma und kräftigen Gute-Laune-Kick. Safran verleiht der Creme unter zarter Zuckerkruste leuchtende Farbe. Ein Genuss, der einfach mit der Welt versöhnt.

Crème brûlée mit Vanille und Safran

FÜR 2 PERSONEN
Zubereitung: 25 Min.
Garzeit: 30 Min.
Kühlen: 4 Std.

200 g Sahne
50 ml Milch
2 Msp. Safranpulver
1/2 Bourbon-Vanilleschote
Salz
4 EL heller Rohrohrzucker
  oder brauner Zucker
2 Eier (Größe S oder M)

Außerdem:
2 ofenfeste flache Förmchen
  (à ca. 150 ml Inhalt)
ofenfeste flache Form
  oder Bräter
Küchen-Gasbrenner
  (nach Belieben; siehe Tipp)

1 In einem kleinen Topf Sahne und Milch mit Safranpulver verrühren. Den Backofen auf 140° vorheizen (Umluft nicht geeignet). Die Förmchen in die größere ofenfeste Form stellen. Diese bis knapp 1 cm unter den Rand der Förmchen mit kochendem Wasser füllen. Die Förmchen herausnehmen und das Wasserbad in den sich aufheizenden Backofen stellen.

2 Die Vanilleschote längs aufschlitzen und mit einem Messer das Mark herauskratzen. Die Schote und das Mark zusammen mit 1 Prise Salz und gut 2 EL Zucker in die Safran-Sahne geben. Diese unter Rühren zum Kochen bringen. Die Mischung nach dem Aufkochen vom Herd ziehen und gut 5 Min. abkühlen lassen.

3 Inzwischen in einer Schüssel die Eier gut verrühren, aber nicht schaumig rühren. Die Sahnemischung ohne die Vanilleschote langsam unter die Eier rühren und alles sofort in die Förmchen gießen. Diese in das Wasserbad im heißen Backofen stellen und die Creme in 25–30 Min. stocken lassen; die Oberfläche soll ein klein wenig fest werden und einem Druck mit der Fingerspitze leicht nachgeben.

4 Die Förmchen aus dem Ofen nehmen, leicht abkühlen lassen und für mindestens 4 Std. in den Kühlschrank stellen. Zum Servieren den restlichen Zucker gleichmäßig auf die gut gekühlte Creme streuen und mit einem Gasbrenner karamellisieren. Die Crème brûlée sofort servieren.

KEIN GASBRENNER ZUR HAND?
Den Zucker können Sie auch unter den vorgeheizten Grillschlangen im Backofen karamellisieren. Aber Vorsicht, er brennt leicht an!

Glück im Glas: Schon der Anblick der goldigen kleinen Käsekuchen zaubert jedem ein Lächeln ins Gesicht. Und sie schmecken so gut, dass Trübsal und Ärger Löffel für Löffel verschwinden.

Sweet little Cheesecakes

1 Den Backofen (außer bei Umluft) auf 175° vorheizen. Die Plätzchen in einen Gefrierbeutel geben und fein zerbröseln. In einem Töpfchen 2 EL Butter zerlassen und mit den Bröseln mischen.

2 Die Gläser gut mit Butter fetten. Die Bröselmasse mit dem Löffelrücken in die Gläser drücken und diese kühl stellen.

3 Die Limettenhälfte heiß waschen und abtrocknen. 1/2 TL von der Schale abreiben, knapp 1 EL Saft auspressen und beides mit der Speisestärke und dem Safran verrühren.

4 In einer kleinen Schüssel mit dem Schneebesen den Frischkäse mit dem Ei, dem Zucker, der Limettensaftmischung und der Sahne glatt rühren. Die Gläser aus dem Kühlschrank nehmen.

5 Die Frischkäsemasse auf die Brösel in den Gläsern geben und alles im heißen Backofen (Mitte; Umluft 160°) 30–35 Min. backen.

6 Die Cheesecakes aus dem Backofen nehmen und abkühlen lassen, dann nach Belieben ca. 2 Std. im Kühlschrank durchkühlen.

7 Kurz vor dem Servieren die Himbeeren verlesen und nach Belieben mit Himbeergeist oder Obstler aromatisieren. Die Cheesecakes mit den Beeren belegen und mit Puderzucker bestäuben.

FÜR 2 PERSONEN
Zubereitung: 20 Min.
Backzeit: 35 Min.
Kühlen (nach Belieben): 2 Std.

35 g Mürbeteigplätzchen
  (z. B. American Cookies)
2 EL Butter
1/2 Bio-Limette
1 1/2 TL Speisestärke
1 Prise Safranpulver
200 g Doppelrahmfrischkäse
1 Ei (Größe M)
50 g Zucker
1 EL Sahne
1 kleine Handvoll frische
  Himbeeren
1 TL Himbeergeist oder Obstler
  (nach Belieben)

Außerdem:
2 ofenfeste Gläser
  à 175–200 ml Inhalt
Butter für die Gläser
Puderzucker zum Bestäuben

Heiße Milch mit Honig bekamen wir als Kinder immer, wenn wir nicht einschlafen konnten. Milchreis rangiert auf der ewigen Bestenliste der Seelentröster ganz weit oben. Und die Kombination von beidem? Hält innerlich und äußerlich so kuschlig warm wie die Lieblingsdecke. Jetzt einfach einschlafen dürfen…

Honigmilchreis mit Mandeln

FÜR 2 PERSONEN
Zubereitung: 25 Min.

8 getrocknete Datteln
150 g Milchreis
550 ml Milch
1 Prise Salz
1/4 TL gemahlener Kardamom
50 g Mandelstifte
abgeriebene Schale von
 1/2 Bio-Orange
1–2 EL Honig

1 Die Datteln entsteinen und grob in Stücke schneiden. In einem kleinen Topf die Dattelstücke mit dem Milchreis, der Milch sowie Salz und Kardamom mischen und aufkochen.

2 Die Kochstelle auf kleinste Hitze herunterschalten und alles geschlossen in 15–20 Min. ausquellen lassen, dabei zwischendurch immer wieder umrühren, damit der Reis nicht ansetzt. Die Garzeit richtet sich danach, wie weich Sie die Reiskörner haben möchten.

3 Inzwischen in einer kleinen Pfanne ohne Fett bei mittlerer Hitze die Mandelstifte in 3–4 Min. unter Rühren goldbraun anrösten, dann herausnehmen und beiseitestellen.

4 Sobald der Milchreis fertig ist, Orangenschale und Honig unterrühren. Das Gericht mit den Mandelstiften bestreuen und servieren.

MILCHREIS OHNE RÜHREN
Wer keine Lust zum Rühren hat, kann den Milchreis auch im Ofen ganz alleine vor sich hin backen lassen. Dafür den Backofen (außer bei Umluft) auf 180° vorheizen. Eine Auflaufform (ca. 25 × 20 cm) einfetten. Alle Zutaten aus dem Rezept oben (auch den Honig) vermischen und in die Form geben. Den Milchreis im heißen Backofen (Mitte; Umluft 160°) ca. 1 Std. backen. Dabei bildet sich eine Haut. Den fertigen Milchreis herausnehmen, mit einer Mischung aus 2 EL Zucker und 1/4 TL Zimtpulver bestreuen und auf der obersten Schiene wieder in den Ofen schieben. Den Backofengrill zuschalten und die Zuckerkruste in 3–5 Min. schmelzen, dabei gut aufpassen, dass sie nicht zu dunkel wird. Den fertigen Milchreis herausnehmen und noch 5–10 Min. ruhen lassen.

Walnussparfait mit Schoko-Chili-Sauce

FÜR 2 PERSONEN
Zubereitung: 45 Min.
Gefrierzeit: mindestens 4 Std.

Für das Parfait:
40 g Walnusskerne
5 EL brauner Zucker oder Rohrohrzucker
1/2 Bourbon-Vanilleschote
150 g Sahne
2 sehr frische Eigelb (Größe M)
1 EL Milch

Für die Schokoladensauce:
50 g Sahne
1 Prise Piment d'Espelette oder Cayennepfeffer (nach Belieben)
25 g dunkle Schokolade (60–70 % Kakaoanteil)
1–3 TL brauner Zucker oder Rohrohrzucker (nach Belieben)

Außerdem:
Backpapier
2 kältefeste Förmchen (à 150 ml Inhalt; z. B. in Herz- oder Sternform)

1 Für das Parfait die Walnusskerne grob hacken. Ein Stück Backpapier auf die Arbeitsfläche legen. In einem Pfännchen gut 2 EL Zucker schmelzen. Die Walnusskerne dazugeben und unter Rühren karamellisieren, bis sie von Karamell überzogen sind. Den Krokant auf das Backpapier geben und abkühlen lassen. Größere zusammenhängende Teile mit einem Löffel oder Messer zerkleinern.

2 Die Vanilleschote mit einem scharfen Messer längs aufschlitzen, das Mark herauskratzen. Die Sahne sehr steif schlagen.

3 Für ein Wasserbad einen Topf zu knapp einem Drittel mit heißem Wasser füllen, das Wasser aufkochen. Einen zweiten Topf mit eiskaltem Wasser und möglichst ein paar Eiswürfeln füllen. In einer großen Edelstahlschüssel die Eigelbe mit der Milch, dem restlichen Zucker und dem Vanillemark verrühren.

4 Die Eigelbmischung über dem heißen Wasserbad mit dem Schneebesen oder den Quirlen des elektrischen Handrührers weißcremig schlagen. Dann die Schüssel sofort in den Eiswasser-Topf setzen und die Masse kalt weiterschlagen, bis sie dick-cremig und kühl ist.

5 Die Schlagsahne und den Krokant bis auf einen kleinen Rest mit einem Holzlöffel vorsichtig unter die Parfaitmasse ziehen. Diese in die Förmchen füllen und mindestens 4 Std. tiefgefrieren. Das Parfait zwischendurch zwei Mal umrühren.

6 5–10 Min. vor dem Servieren das Parfait aus dem Tiefkühlfach nehmen. Für die Sauce die Sahne nach Belieben mit Piment d'Espelette oder Cayennepfeffer würzen und erhitzen. Die Schokolade darin unter Rühren schmelzen. Die Sauce nach Belieben süßen und etwas abkühlen lassen.

7 Die Förmchen kurz in heißes Wasser tauchen und die Parfaits auf Dessertteller stürzen. Die Sauce umrühren und neben oder über das Parfait gießen. Mit dem restlichen Krokant garnieren und sofort servieren.

Nein, Sie sollen sich die Welt nicht schöntrinken. Aber manchmal schadet ein bisschen Rotwein-Leichtigkeit gar nichts.

Mohnbuchteln mit Rotweinkirschen

1 Für das Kompott die Kirschen waschen, entstielen, entsteinen und in einen Topf geben. Je 100 ml Wasser und Rotwein, den Zucker und die Gewürznelke dazugeben. (Bei Kirschen aus dem Glas statt Wasser 100 ml ihrer eigenen Flüssigkeit verwenden.) Alles aufkochen und ca. 3 Min. kochen. Die Speisestärke mit wenig Wasser glatt rühren, zu den Kirschen geben und alles einmal aufkochen, bis es leicht andickt. Das Kompott abkühlen lassen.

2 Für den Hefeteig in einem Töpfchen die Hälfte der Butter zerlassen und abkühlen lassen. Inzwischen Mehl, Hefe, Vanillezucker und Zucker in einer Rührschüssel gut vermischen. Milch und Ei dazugeben und alles mit den Knethaken des elektrischen Handrührers zu einem Teig verarbeiten. Diesen zum Schluss mit der flüssigen Butter glatt kneten. Den Teig zugedeckt an einem warmen Ort ca. 1 Std. gehen lassen, bis sich das Volumen deutlich vergrößert hat.

3 Gegen Ende der Teig-Gehzeit den Ofen (außer bei Umluft) auf 180° vorheizen. Inzwischen für die Füllung Quark, Zucker, Mohn und Ei gut verrühren und zum Quellen bis zur Verwendung kühl stellen. Die restliche Butter zerlassen und mit einem Teil davon die Auflaufform auspinseln.

4 Den gegangenen Teig kurz durchkneten und zu sechs gleich großen Kugeln formen. Jede auf ca. 15 cm Ø flach drücken. Je 1 EL Mohnfüllung in die Mitte geben, den Teig darüber gut zusammendrücken und wieder zur Kugel formen.

5 Die gefüllten Kugeln mit der Naht nach unten dicht an dicht in die Auflaufform setzen und mit der restlichen zerlassenen Butter bepinseln. Im heißen Ofen (Mitte; Umluft: 160°) 30–35 Min. backen, bis die Oberfläche braun zu werden beginnt. Die fertigen Buchteln herausnehmen und heiß mit dem Kirschkompott servieren.

FÜR 2 PERSONEN
Zubereitung: 50 Min.
Gehen: 1 Std.
Backzeit: 35 Min.

Für die Rotweinkirschen:
350 g frische Sauerkirschen (ersatzweise TK-Sauerkirschen, aufgetaut; nur zur Not Schattenmorellen aus dem Glas)
100 ml kräftiger Rotwein
1 EL Zucker
1 Gewürznelke
1 EL Speisestärke

Für den Teig:
60 g Butter | 300 g Mehl
1/2 Päckchen Trockenhefe
1 Päckchen Bourbon-Vanillezucker
2 EL Zucker
125 ml lauwarme Milch
1 Ei (Größe M)

Für die Füllung:
125 g Sahnequark
1 EL Zucker
50 g gemahlener Mohn (Dampfmohn)
1 Ei (Größe M)

Außerdem:
kleine Auflaufform

Erdbeer-Sahne-Shortcakes

FÜR 2 PERSONEN
Zubereitung: 25 Min.
Kühlen: 2 Std.
Backzeit: 20 Min.

Für die Füllung:
150 g frische Erdbeeren
2 EL Holunderblütensirup
  (ersatzweise 1 EL Zucker)
1 EL Zucker
100 g Sahne

Für die Shortcakes:
100 g Mehl
1 TL Backpulver
1 EL Zucker
1 Päckchen Bourbon-
  Vanillezucker
1 Prise Salz
40 g kalte Butter
1 Ei (Größe M)
1 EL Sahne

Außerdem:
Backpapier für das Blech
Mehl zum Arbeiten

1 Für die Füllung die Erdbeeren waschen, trocken tupfen, putzen und entkelchen. Je nach Größe halbieren oder vierteln und in einer Schüssel mit Sirup oder Zucker mischen. Zugedeckt 1–2 Std. kühl stellen.

2 Den Backofen (außer bei Umluft) auf 180° vorheizen. Für die Shortcakes in einer Schüssel das Mehl mit Backpulver, Zucker, Vanillezucker und Salz mischen. Die kalte Butter in Flöckchen dazugeben und alles zwischen den Fingern zerbröseln, bis die Mischung krümelig ist. Das Ei und die Sahne verquirlen, dazugeben und rasch untermischen.

3 Ein Backblech mit Backpapier belegen. Den Teig vierteln, jedes Viertel auf wenig Mehl rasch zu einer Kugel formen und auf das Blech legen. Die Shortcakes im heißen Backofen (Mitte; Umluft 160°) in ca. 20 Min. goldbraun backen, dann herausnehmen und auf einem Kuchengitter abkühlen lassen.

4 Für die Füllung den Zucker in die Sahne geben, die Sahne steif schlagen. Die Shortcakes wie Brötchen waagerecht halbieren. Die Erdbeeren mit Saft auf den unteren Hälften verteilen, darauf die Sahne geben und zuletzt die Teigdeckel daraufsetzen. Die Erdbeertörtchen sofort servieren.

O, DU KURZE ERDBEERZEIT

Erdbeeren gehören zum Frühsommer. Was während des restlichen Jahres rot in den Geschäften leuchtet, ist zwar weit gereist, allerdings wenig aromatisch. Dass trotzdem niemand monatelang auf dieses fruchtig-sahnige Dessert verzichten muss, machen die Briten vor: Ihre Scones haben nämlich verblüffende Ähnlichkeit mit den Shortcakes, die von den Amerikanern so erfolgreich mit frischen Erdbeeren verheiratet wurden. Und Scones werden meistens mit dicker Sahne und Konfitüre serviert – zum Beispiel Erdbeerkonfitüre. Die verlängert den Sommer rund ums Jahr.

Hat schlechte Laune eine Chance gegen süße, reife Erdbeeren? Höchstens bei denen, die der Ansicht sind, dass der Sommer ohnehin zu warm ist, dass Sonnenschein nervt und Urlaub nur was für Faulpelze ist. Und solchen Menschen geben wir eh nichts ab von unseren Erdbeeren.

Ein Blaues-Wunder-Dessert, das einen verregneten
Spätsommertag zum Leuchten bringt. Und das Schöne: Heidelbeeren
schmecken nicht nur wunderbar, sie tun uns auch rundum gut.

Trifle mit marinierten Beeren und Mascarpone-Schoko-Creme

1 Die Orangenhälfte heiß abwaschen und abtrocknen. 1/2 TL von der Schale abreiben, den Saft auspressen. Die Heidelbeeren verlesen, waschen, trocken tupfen und mit 1 EL Orangensaft und 1–2 Msp. Orangenschale sowie nach Belieben 1 EL Likör marinieren.

2 In einer Schüssel mit dem Schneebesen den Mascarpone mit dem Joghurt, 2 EL Puderzucker und etwas Orangensaft glatt rühren; die Creme sollte schön geschmeidig sein.

3 Von der Schokolade ein paar Späne fürs Dekorieren abhobeln oder -schneiden und beiseitelegen. Die restliche Schokolade mit einem schweren Messer fein hacken und unter die Mascarponecreme rühren. Die Creme abschmecken und eventuell noch etwas Orangensaft oder Zucker unterrühren.

4 Ca. 3 EL Orangensaft nach Belieben mit dem restlichen Likör aromatisieren. Die Löffelbiskuits in zwei Dessertgläser oder -schälchen bröseln und jeweils mit der Likör-Saft-Mischung beträufeln.

5 Die marinierten Heidelbeeren bis auf einen kleinen Rest fürs Dekorieren auf den Biskuitbröseln verteilen. Die Mascarponecreme auf die Heidelbeeren geben. Trifle ca. 4 Std. im Kühlschrank ruhen lassen.

6 Kurz vor dem Servieren die Trifleportionen mit den übrigen Heidelbeeren und Schokoladenspänen garnieren.

FÜR 2 GROSSE GLÄSER
Zubereitung: 25 Min.
Kühlen: 4 Std.

- 1/2 Bio-Orange
- 100 g frische Heidelbeeren
- 2 EL Heidelbeer- oder Orangenlikör (nach Belieben)
- 100 g Mascarpone
- 3 EL Joghurt
- 2–3 EL Puderzucker
- 20 g dunkle Schokolade (60–70 % Kakaoanteil)
- 3 Löffelbiskuits

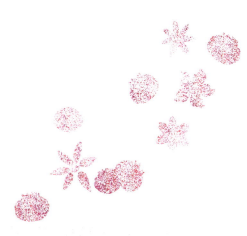

Apfel und Zimt

In Sachen warm und kuschelig liegt dieses kulinarische Traumduo ganz vorne – sicher weil es auf eine so lange und harmonische Ehe zurückblickt. Schon seit vielen Jahrhunderten gehört die Prise Zimt in Apfelmus und Apfelkuchen, und alljährlich zu Weihnachten hat dieses Geschmacks- und Duftgespann seinen großen Auftritt. Kein Wunder, dass Zimt in der Aromatherapie eingesetzt wird, um Entspannung und das Gefühl von Geborgenheit zu fördern! Die Wirkung lässt sich allerdings auch in der Küche erzielen – mit Bratapfel, Apfelpunsch und anderen Wohlfühl-Favoriten. Dann überzieht warmwürziger Duft den Alltag mit einem goldenen Schimmer, der schnöde Heizkörper verwandelt sich in der Fantasie in ein prasselndes Kaminfeuer, der Regen an der Fensterscheibe klingt plötzlich heimelig, und die Welt schmeckt süß.

Varianten

NICHT NUR IM TIEFSTEN WINTER FEIN
Bratäpfel mit Zimtschmand

Backofen (außer bei Umluft) auf 200° vorheizen. 2 säuerliche Äpfel waschen und die Kerngehäuse ausstechen. Die Äpfel in eine gebutterte feuerfeste Form setzen. 1 EL Butter mit 1 EL braunem Zucker und 2 EL gemahlenen Mandeln verkneten. Die Masse in die Äpfel füllen und oben zu einem Häubchen formen. Die Äpfel im heißen Backofen (Mitte; Umluft 180°) ca. 25 Min. backen. Inzwischen 100 g Schmand mit 1/4 TL Zimtpulver und 1 EL braunem Zucker vermischen. Zu den Bratäpfeln servieren.

FLÜSSIGE SEELENNAHRUNG
Apfelpunsch

In einem Topf 300 ml Apfelsaft zusammen mit 100 ml trockenem Weißwein, 1 Zimtstange, 1 Stück Bio-Orangenschale (ca. 10 cm) und 2 dünnen Scheiben frischem Ingwer kurz aufkochen, vom Herd nehmen und zugedeckt ca. 15 Min. ziehen lassen. Den Punsch nach Belieben noch einmal erhitzen, dann durch ein Sieb auf zwei hitzefeste Gläser verteilen und in jedes 2 cl braunen Rum geben. Heiß servieren. Übrigens: Noch apfeliger wird's mit Calvados (Apfelbranntwein aus der Normandie) statt Rum.

Apfel-Crumble
britisches Winterdessert

FÜR 2 PERSONEN
Zubereitung: 15 Min.
Backzeit: 30 Min.

Für den Apfel:
1 säuerlicher Apfel
1 TL Zucker | 1/2 TL Zimtpulver

Für die Streusel:
30 g Butter
30 g Walnusskerne
30 g Mehl | 30 g Zucker

Außerdem:
100 g Sahne zum Servieren
feuerfeste Schale oder
  kleine Auflaufform
Butter für die Form

1 Die Schale oder Auflaufform einfetten. Den Backofen (außer bei Um-luft) auf 180° vorheizen. Den Apfel vierteln und schälen, das Kerngehäuse entfernen und die Viertel in dünne Scheibchen schneiden. Diese in die Schale oder Form geben und mit Zucker und Zimt mischen.

2 Für die Streusel in einem kleinen Topf die Butter zerlassen. Die Wal-nusskerne grob hacken und zusammen mit dem Mehl und dem Zucker zur Butter geben. Alles mit einem Löffel vermischen und die Bröselmasse über die Äpfel geben.

3 Den Crumble im heißen Backofen (unten; Umluft 160°) ca. 30 Min. backen, bis die Streusel goldgelb sind. Herausnehmen und ca. 5 Min. abkühlen lassen. Der Crumble schmeckt warm am besten. Zum Servieren auf Schälchen verteilen und mit flüssiger Sahne begießen.

FIX GEMACHT, SCHNELL GEGESSEN
Sesam-Apfeltaschen

4 quadratische Platten TK-Blätterteig (à ca. 45 g) nebeneinander auftauen lassen. 1/2 Apfel waschen, nach Belieben schälen und ohne Kerngehäuse grob reiben. Sofort mit 1 EL Zitronensaft, 1/2 TL Zimtpulver, 1 EL flüssigem Honig und 2 EL Sesamsamen vermischen. Den Backofen (außer bei Um-luft) auf 200° vorheizen. Jedes Teigquadrat mit dem Nudelholz auf wenig Mehl etwas größer rollen und auf ein Blech mit Back-papier legen. In die Mitte jedes Teigqua-drats ein Viertel der Apfelfüllung geben. Die Teigränder mit etwas Wasser bepinseln, den Teig über der Füllung diagonal zu einem Dreieck zusammenklappen und die Ränder mit den Zinken einer Gabel fest zusammen-drücken. Die Apfeltaschen mit etwas Milch bestreichen und im heißen Backofen (Mitte; Umluft 180°) ca. 20 Min. backen. Heraus-nehmen, etwas abkühlen lassen, mit Puder-zucker bestreuen und nach Belieben lau-warm oder kalt servieren.

Bananen und dunkle Schokolade – nach diesem Genuss
läuft unsere Glückshormon-Produktion garantiert auf Hochtouren.
Herrlich, dass Gute-Laune-Tanken so gut schmecken kann.

Schoko-Bananen am Stiel

1 Die Schokolade in Stücke brechen, diese in eine passende Schüssel geben und zusammen mit dem Kokosöl über einem heißen Wasserbad schmelzen. Dabei immer wieder umrühren.

2 Inzwischen ein klein wenig Wasser aufkochen. In einer Pfanne ohne Fett die Haselnüsse leicht rösten, dann mit einem schweren Messer grob hacken und auf einen kleinen Teller geben. Die Kokosflocken und die Zuckerperlen ebenfalls auf kleine Teller häufeln. Einen großen Teller mit einer Lage Backpapier belegen.

3 Wenn die Schokolade geschmolzen ist, mit einem Schneebesen nach und nach ca. 3 TL kochendes Wasser unterrühren. So haftet die Schokolade später besser an den Bananen.

4 Erst jetzt die Bananen schälen – sonst werden sie braun – und jeweils in 3–4 Stücke schneiden. Jedes Bananenstück auf 1 Holzstäbchen spießen.

5 Die Schokolade vom Herd nehmen. Die Bananenstücke einzeln in der Masse drehen und mit Schokolade überziehen. Vorsichtig herausheben und, falls nötig, über dem Schokoladenbad abtropfen lassen. Die Schoko-Bananen kurz in der Hand halten, bis die Schokolade ganz leicht fest wird, dann entweder in den Nüssen, Kokosflocken oder Liebesperlen wenden. Die Bananenstücke auf den Teller mit Backpapier legen und im Kühlschrank ca. 1 Std. ruhen lassen.

FÜR 2 PERSONEN
Zubereitung: 25 Min.
Kühlen: 1 Std.

100 g dunkle Schokolade
  (60–70 % Kakaoanteil)
10 g Kokosöl
2 EL Haselnusskerne
2 EL Kokosflocken
2 EL kleine bunte Zuckerperlen
  (Backregal)
2 reife, aber feste Bananen

Außerdem:
Backpapier
Holzstäbchen oder Zahnstocher

Manche finden es schon beruhigend, wenn der Teig in der Pfanne zischt. Andere werden genau dann ganz hibbelig: Bei ihnen stellt sich die Entspannung erst ein, wenn der Pfannkuchen auf dem Teller liegt. Fest steht: Pfannkuchen tun allen gut.

Pfannkuchen

FÜR 2 PERSONEN
Zubereitung: 30 Min.
Quellen: 30 Min.

3 Eier (Größe M)
1 Prise Salz
150 ml Milch
150 ml Mineralwasser
  mit Kohlensäure
200 g Mehl

Außerdem:
Butter zum Backen

1 In einer Schüssel die Eier mit Salz, Milch und Mineralwasser verquirlen. Nach und nach das Mehl dazugeben und unterrühren, bis ein glatter Teig entstanden ist. Den Teig ca. 30 Min. quellen lassen.

2 In einer beschichteten Pfanne etwas Butter erhitzen. Eine Kelle Pfannkuchenteig hineingeben und durch Schwenken gut verteilen.

3 Den Pfannkuchen bei mittlerer Hitze von beiden Seiten in je 2–3 Min. goldbraun backen. Den übrigen Teig nach und nach ebenso verarbeiten. Die fertigen Pfannkuchen nach Belieben füllen – z. B. mit dem Apfelmus von Seite 110 (Tipp).

TIMING FÜR GENIESSER
Am besten schmecken Pfannkuchen direkt aus der Pfanne, gefüllt mit Apfelmus oder Konfitüre oder einfach mit Zimt und Zucker bestreut. Wer erst die Arbeit und dann das ungestörte Vergnügen haben will, hält die fertig gebackenen Pfannkuchen bei 100° (Umluft nicht geeignet) im Backofen warm. Dazu einen umgedrehten Kuchenteller auf einen Essteller legen und die Pfannkuchen daraufstapeln. So wölben sie sich nicht, und es sammelt sich keine Feuchtigkeit darauf an.

BIRNEN-SPECK-PFANNKUCHEN
Aus 3 Eiern, 1 Prise Salz, 150 ml Milch und 100 g Mehl einen Pfannkuchenteig zubereiten und ca. 30 Min. quellen lassen. 1 reife Birne schälen und vierteln, das Kerngehäuse entfernen, das Fruchtfleisch in dünne Scheibchen schneiden und unter den Teig rühren. In einer Pfanne bei mittlerer Hitze die ersten 2–3 Scheiben von insgesamt 100 g Frühstücksspeck (Bacon) knusprig braten. 1 Kelle Teig darübergeben, schwenken und in je 3–4 Min. pro Seite einen Pfannkuchen ausbacken. Den übrigen Speck und Teig ebenso verarbeiten. Die fertigen Pfannkuchen mit Zuckerrübensirup (ersatzweise Ahornsirup) beträufeln.

Register

Impressum

DIE AUTORINNEN

Susanne Bodensteiner Die Literaturwissenschaftlerin und leidenschaftliche Köchin arbeitet seit vielen Jahren als freie Food-Autorin und Lektorin. Ihr Lieblingsrezept, um perfekt zu entspannen: Schnippeln, schmurgeln und dabei sehr laut Radio hören.

Sabine Schlimm lebt und kocht in Hamburg. Da sie ohnehin ständig übers Essen nachdenkt, freut sie sich, das als Autorin, Lektorin und Übersetzerin von Kochbüchern auch beruflich tun zu können. Die Arbeit an diesem Buch hat ihr besonders gute Laune gemacht. **www.punktkommatext.de**

DIE FOTOGRAFIN   www.juliahoersch.de

Julia Hoersch ist vielfach ausgezeichnete Fotografin. Sie arbeitet seit 1991 als freie Fotografin in Hamburg für zahlreiche renommierte Magazine, Agenturen und Buchverlage. Eines ihrer Lieblingsthemen ist Food, wie die Fotos in diesem Buch einmal mehr beweisen. Ein großes Dankeschön geht an **Petra Speckmann** für das Foodstyling und **Miriam Geyer** für das Styling.

Syndication: www.jalag-syndication.de

Konzept und Projektleitung: Alessandra Redies

Lektorat und Satz: Knipping Werbung GmbH, Berg bei Starnberg

Korrektorat: Waltraud Schmidt

Innenlayout, Typografie und Umschlaggestaltung: independent Medien-Design, Horst Moser, München

Illustrationen: Julia Hollweck

Herstellung: Susanne Mühldorfer

Repro: Longo AG, Bozen

Druck: Firmengruppe APPL, aprinta druck, Wemding

Bindung: Firmengruppe APPL, m.appl GmbH, Wemding

ISBN 978-3-8338-2629-0 — 4. Auflage 2016

Umwelthinweis: Dieses Buch ist auf PEFC-zertifiziertem Papier aus nachhaltiger Waldwirtschaft gedruckt.

Die **GU-Homepage** finden Sie unter **www.gu.de**

Liebe Leserin, lieber Leser,

haben wir Ihre Erwartungen erfüllt? Sind Sie mit diesem Buch zufrieden? Haben Sie weitere Fragen zu diesem Thema? Wir freuen uns auf Ihre Rückmeldung, auf Lob, Kritik und Anregungen, damit wir für Sie immer besser werden können.

GRÄFE UND UNZER Verlag
Leserservice
Postfach 86 03 13
81630 München
E-Mail:
leserservice@graefe-und-unzer.de

Telefon: 00800/72 37 33 33*
Telefax: 00800/50 12 05 44*
Mo–Do: 9.00–17.00 Uhr
Fr: 9.00–16.00 Uhr
(gebührenfrei in D, A, CH)*

Ihr GRÄFE UND UNZER Verlag
Der erste Ratgeberverlag – seit 1722.

 www.facebook.com/gu.verlag

Ein Unternehmen der
GANSKE VERLAGSGRUPPE